JN295412

WORDS OF PRAISE AND ENCOURAGEMENT

コミュニケーションを円滑にする
ほめる英語・励ます英語

クライド・ダブンポート
Clyde Davenport

You're well organized.
Everyone likes you.
You've done me a great favor.
Way to go!

研究社

はじめに

　ほめたり励ましたりする言葉を使うとき、私たちはよく口にするお気に入りの言葉があるものです。しかし、それらは、当たり前のことなのですが、その場その場で使えそうな表現のほんの一部です。ですから、自分の普段のレパートリー以外の一般によく使われる表現について、やはり、わかるようにしておく必要があります。

　本書に数多く紹介されているほめ言葉や励ます言葉の英語表現は、その意味で、すべて覚えなさいというものではなく、いろいろなタイプの表現をどのような場面でどんなふうに使えばよいかについて、理解していただけるようになっています。全般的には、文例の日本語訳が英語の基本的な意味とニュアンスを理解する上での手引きになります。さらに、注釈では立場の上下や言葉の丁寧さのレベルなど、もう一歩踏み込んだ情報を提供しています。

　ほめたり励ましたりする言葉の元は、相手について「よいこと」を言おうという気持ちです。それは言葉となって、いろいろな形をとります。シンプルな表現であったり、より改まった表現であったりします。しかし、言葉がどんな形になるかより、「まごころを伝えること」のほうがはるかに重要です。シンプルな表現を使ったほうがかえって丁寧で礼儀正しい表現や格式ばった表現より、効果的にその気持ちを伝えられることもあります。ほめ言葉や励ます言葉は内容がポジティブなのですから、そのような言葉をかけられれば、ほとんどの場合相手は喜んで耳を傾けてくれるはずです。

　また、ほめ言葉・励ます言葉を使っていると、自分の生き方もポジティブに変わっていきます。その人が自分自身を好きになる手助けができれば、自分ももっと自分自身を受け入れようという気持ちになります。自分ももっと人から好かれるようになり、もっとみんなからほめられたり励まされたりするようになるでしょう。さらに、相手の行動や態度に影響を与えたい場合は、ほめ言葉や励ます言葉はとても効果があります。なぜなら、相手のエネルギーに逆わず、寄り添う形で働きかけるからです。

　ところで、本書の執筆は決して楽ではありませんでした。基本的な枠組みの構

築や主要表現のリストアップはスムーズに行きましたが、関連表現を選び出し、解説を加えるには時間がかかりました。自分自身の知識だけでなく、インターネットも利用しました。ネットでは関連表現を探すほか、使用頻度もチェックしました。大半は自分が直感的に知っている使用頻度（表現がどれだけ役立つかの指標になります）に間違いないことが確認できましたが、なかには修正を加えたものもありました。

また、解説部分もいろいろ工夫をこらしました。書き直しを重ねた個所も少なくありません。言葉が実際にどう使われるかを説明するのは至難の業です。周囲で使われるのを見聞きし、人に会ったときにどう口にするかを知っていても、たいていは感覚や本能に基づいてそうしているわけで、理詰めに行動しているわけではありません。ですから、出会いの中で何がどうなったかを説明するのはなかなか難しいのです。用法を何とか説明できたとしても、分析的になり、かつ抽象的になりすぎて、人との出会いで使われる生きた表現の肌感覚から遠ざかってしまったとしたら、これまた問題です。また、表現のニュアンスや雰囲気はイントネーションによっても伝わるので、音声も参考にしてみてください。

本書の出版にあたって大変な思いをしたのは私ひとりではありません。企画段階から、翻訳、編集まで、多くの方々のご協力をいただきました。特に、翻訳をしていただいた中村直子さんと香原ちさとさん、編集を担当された斎藤純一さんと斎藤秀子さんに深く感謝いたします。そして、英会話学校ジョイ・アカデミーの浦島久さんが私の背中を押してくれなければ、出版は実現しなかったでしょう。深く感謝しています。

最後に、本書が実用面でみなさまのお役に立つことを心から願っています。そして、今日の世界に欠かせない異文化理解を深める一助となれば、著者としてこの上ない喜びです。

クライド・ダブンポート
2011 年 7 月

本書の音声データ（MP3）は、研究社ホームページ（http://www.kenkyusha.co.jp/）、または iTunes Store にて無料でダウンロードできます。詳しくは研究社ホームページをご覧ください。

目　次

はじめに　iii
ほめ言葉・励ます言葉には力がある　＜本書の内容構成と特色＞　ix

Ⅰ章　仕事をしている人をほめる・励ます............. 1

01　できあがった仕事をほめる（一般的）　2
02　できあがった仕事をほめる（特定）　6
03　仕事の能力をほめる　10
04　仕事ぶりをほめる　14
05　うまく進んでいる仕事をほめる　18
06　仕事がまだ途中の人を励ます　22
07　社員の能力をほめる　26
08　新人を励ます　30
09　取引先の会社をほめる　34
10　新規事業の立ち上げで人を励ます　38

Ⅱ章　仕事の実績をほめる・励ます....................... 43

11　実績をほめる　44
12　アイディアをほめる　48
13　成しとげたことをほめる　52

- 14　功績をほめる　56
- 15　最初の評価を修正してほめる　60
- 16　お世話になった人に感謝する　64
- 17　相手の専門技術や知識をほめる　68
- 18　日本に関する知識をほめる　72
- 19　相手の国についてほめる　76
- 20　チャンスをつかめと励ます　80
- 21　将来の可能性について励ます　84
- 22　「頑張れ」と励ます　88
- 23　失敗をして落ち込んでいる人を励ます　92
- 24　相手に休息をとるよう勧める　96
- 25　仕事を探している人を励ます　100
- 26　もめごとに巻き込まれた人を励ます　104

Ⅲ章　身近な社交のほめ言葉............................. 109

- 27　出会った相手をほめる　110
- 28　付き合いのある相手をほめる　114
- 29　いいことが起きた相手をほめる　118
- 30　別れぎわに使うほめ言葉　122
- 31　住んでいる場所をほめる　126
- 32　手料理をほめる　130
- 33　パーティーの主催者をほめる　134
- 34　相手に興味を示す　138
- 35　相手に敬意や称賛を示す　142
- 36　自宅に人を招待する　146

Ⅳ章 お礼の言葉・励ましの言葉..........................151

- 37 手伝ってくれた人に感謝する　152
- 38 助言してくれた人に感謝する　156
- 39 親切にしてくれた人に感謝する　160
- 40 贈り物に添える言葉　164
- 41 贈り物をいただいたときの言葉　168
- 42 金銭の贈り物をいただいたときの言葉　172
- 43 連れて行ってもらったレストランをほめる　176
- 44 負けたり失敗した人をなぐさめ励ます　180
- 45 人生の転機を迎えた人を励ます　184
- 46 病気の人を励ます　188
- 47 事故にあった人を励ます　192

Ⅴ章 個人的なことについてほめる・励ます 197

- 48 服装をほめる　198
- 49 体を鍛えている人をほめる　202
- 50 外見をほめる　206
- 51 人柄をほめる　210
- 52 個性をほめる　214
- 53 社会性があることをほめる　218
- 54 音楽の才能をほめる　222
- 55 芸術的な才能をほめる　226
- 56 夢や目標をほめる　230
- 57 友人をほめる　234

58　恋人をほめる　238
59　相手の恋人や配偶者をほめる　242
60　子どもをほめる　246
61　ペットをほめる　250
62　いやな思いをした人を励ます　254
63　人間関係で悩んでいる人を励ます　258
64　ちょっと落ち込んでいる人を励ます　262

ほめ言葉・励ます言葉には力がある
＜本書の内容構成と特色＞

● 英語でほめる・励ます

　本書では、ほめたり励ましたりするときに常日頃よく使われる英語表現を幅広く紹介しています。ビジネス関連の表現も数多く取り上げていますが、ビジネス英語に特化しているわけではありません。ほめたり励ましたりすることは、ごく普通の一般的な行為なのですから。その人を見て、「いいな」と思う部分があれば何でもほめることができますし、いろいろな方法で人を励ますこともできます。

　とはいっても、ビジネスの世界における成功は、仕事仲間や取引相手、新規開拓したい顧客などとの円滑な人間関係にかかっていますから、ほめたり励ましたりする表現は、たとえ広く一般に使われるようなものでも、仕事の分野では強力なツールとして利用できるでしょう。

● 本当に役に立つのは「ニュートラルな表現」

　本書の執筆にあたっては、できるだけ中間に位置する「ニュートラルな表現」、つまり、特にformalでもinformalでもない（特に改まったりくだけたりしていない）表現を取り上げるよう心掛けました。例文には、適宜、改まった表現やくだけた表現も載せていますが、それは必要最小限に抑えてあります。それは多岐にわたる状況で幅広く応用できる表現こそ本当に役に立つ表現だからです。

　日本語に比べて、英語はニュートラルな表現の領域がより広いように思います。つまり、いろいろな状況において、日本語は英語よりも改まった表現に重きをおく傾向があるように感じます。

　さらに、日本語では、丁寧な言い回しにするかしないかをセンテンスの最後に来る動詞で必ず選びますので、改まった言葉かくだけた言葉かが英語よりずっとはっきりしています。この意味において、英語は日本語より「あいまい」です。日本語のあいまいさは、慎みと遠回しな言い方に重きをおく丁寧と改まった言葉づかいで、英語にもないわけではありませんが、日本語ほど顕著ではありません。

● 話し言葉と書き言葉

　本書では、書き言葉的な性格の表現も多少交えて、主に話し言葉を中心に選んでいます。そもそも一般的に使われる表現は、会話的な本質を持っています。会話は基本的にはダイアローグ、すなわち、その時々で交わされる対話のやりとりで成り立っています。書き言葉は、相手が目の前に立っているわけではないので、その場で即座にどうこうするのではなく、じっくり考えを巡らしたあとで発信しますから、性格的には改まってきます。それでは、基本的に書き言葉が改まったもので、話し言葉はくだけているのかというと、そうとも限りません。話し言葉には、くだけた用法にとどまらず、いろいろ幅広い使い方が存在します。書き言葉を真似た形で使われることもあります（同様に、書き言葉も種類によっては会話っぽくなります）。

　ほめたり励ましたりする表現について見てみると、これらはもともと会話的な性格を持っています。つまり、ほめたり励ましたりする言葉は、複数の人たちがその場その場で言葉のやりとりをするときに飛び出すような表現なのです。一人が発言すると相手が返事をしたり意見を述べたりして応じる、するとまた最初の人も同じように応じる、そんなふうに会話は徐々に展開します（2人以上で話している場合は、応答のパターンが多様化し、流動的になります）。ほめ言葉や励ましの言葉はこのような、相手と交わされる会話の流れに織り込まれるものなのです。

● ニュートラルな表現が大事

　会話をどんなふうに発展させようかと考える場合、日本語では相手の身分や立場が大きな要素となります。つまり相手は自分より目上なのか、目下なのか、対等なのかということです。英語ではそういったことはあまり重要ではなく、こだわるとかえって逆効果になるかもしれません。特に、目上の人を大げさにほめるとゴマをすっていると勘違いされるでしょうし、目下の人にむやみになれなれしい言葉を使うと気味悪がられるだけでしょう。ですから会話においては、ほめるときは心の底からほめ、励ますときには現実を踏まえてその人が能力を発揮できるよう、励ますことがいちばん重要です。

　改まってもくだけてもいない「ニュートラルな表現」がここでは大切な意味を持ちます。それらの表現は相手の地位や身分に関係なく使えるからです。国際理解や異文化間の交流の場で真価を発揮するのは、このタイプの英語です。

　「改まった表現」は、文法も語彙も込み入っているので使いこなすのが難しく、きちんと口にできたとしても、すんなり通じなかったり、真意を汲んでもらえなかっ

たりします。一方、スラングや、きわめて口語的な言い回しや、イディオムを使ったカジュアルな表現は、そういう言い方が通用する狭い文化的な地域の外に出てしまうと、うまく伝わらないかもしれません。妙な誤解さえ生まれそうです。

ビジネス絡みにせよ個人的なものにせよ、国際的なお付き合いでは、誤解は極力避けるべきでしょう。

●「ほめる・励ます言葉」の定義

「ほめたり励ましたりする」ということを、本書はかなり広く定義しています。人に対するポジティブな言葉はすべて、基本的には、ほめる・励ます表現としてとらえています。さらに、ほめたり、励ましたりする言葉には、そのものずばりの言い方もありますし、同じことでも遠回しに言う言い方もたくさんあります。

また、ほめる言葉と励ます言葉には密接な関係があるということも付け加えておきましょう。つまり、ほめるということは、その人により大きな自信を与え、自己評価を高めることなので、励ますことにつながります。そして励ますことは、その人の能力に信頼を寄せ、人間として価値を認めるということなので、ほめることにつながります。

● 本書の内容構成について

本書は5つの章に分けられています。最初の2つの章はビジネス関連の文脈に焦点を絞っています。

Ⅰ章では、仕事についてほめたり励ましたりする表現。できあがった仕事、進行中の仕事、スタートしたばかりの仕事が含まれます。仕事上の能力、仕事のやり方、一般的な能力についてもほめることができます。

Ⅱ章では、目先の仕事だけではなく、さらに間口を広げています。相手のアイディアや専門知識、そして実績や功績はどれもほめることができます。励ます言葉としては、「頑張れ」、「ミスをしてもくよくよするな」、「来たチャンスは逃すな」などが入っています。

後半は、総じて社会的な事柄について取り上げます。

Ⅲ章では、毎日の生活の中で生かせる基本的な社会スキルについての表現を紹介します。出会いのときや別れぎわに口にする表現もあります。住まいや手料理をほめるといったごく日常的なこともここで扱います。また、人生で起きるおめでたいことに対して言うお祝いの言葉も取り上げています。

Ⅳ章もⅢ章に似ていますが、ある意味で、Ⅳ章で取り上げるほめ言葉は、ほか

の章より、ほめるという言語の機能といちばん結びついているかもしれません。私たちはよく、人に助けられたり、アドバイスを受けたり、親切にしてもらったりしますが、そういう場合はぜひ、ほめ言葉で応えてください。もちろん、プレゼントをもらったときも同様です。励ましの言葉としては、失敗をしたり、病気を抱えていたり、何かの事故にあったりした人に言ってあげられるような、前向きな言葉を紹介します。

V章は、もっと個人的なことについてほめる表現を取り上げます。ひとつは、服装、体型、魅力（これはほめるにも気配りが必要ですが）など、外見が素敵だと言ってほめる表現。もうひとつは、アートや音楽などの特別な才能をほめる表現。さらに、人間関係をほめる表現も取り上げます。

● ポジティブな言葉には力が宿っている

ほめたり励ましたりするとき、概して、「要を得ている」ことが大切です。弱みや短所のない人はいないわけで、そのため、どうしても相手へのうまいほめ言葉が浮かばない場合もあるでしょう。しかし、相手の状況や長所や能力を曇りのない目でじっくり見ようとすれば、何かしら「必ず」ポジティブなことを見つけることができるし、心からそれをほめることができるはずです。

考えてみると、私たち自身、自ら目指す理想にはほど遠いものと思って、「あれもだめ、これもだめ」と思って落ち込んでしまうこともあります。けれども、そんなときにほかの人に温かい言葉をかけてもらえば、自信を喪失したことも、自分の力不足を悔やむ気持ちも、言葉の力で乗り越えることができます。批判などのネガティブな言葉には、相手を助ける力はありません。ほめたり励ましたりする言葉にこそ、大きな力が宿っているのです。

Ⅰ章

仕事をしている人を ほめる・励ます

Praising and Encouraging People in Their Work

01 できあがった仕事をほめる（一般的）
Praising Someone for Work Completed (General)

　幅広い状況で使える短いほめ言葉です。自分がやった仕事をほめられれば、だれでもうれしいものです。ですから、改まった表現かどうかを気にする必要はありません。ただ、目上の人をほめるときは、やりすぎるとゴマをすっているように聞こえるので、気配りが必要です。コツは精いっぱい心を込めて言うこと。イントネーションも大事です。ポジティブな感情を込めて言えば、熱烈な賞賛を伝えることができますが、ネガティブな響きのイントネーションだと皮肉っぽく聞こえるものもあるので注意しましょう。

1 Nice job.
いい出来ですね。

　やりとげた仕事に対する一般的なほめ言葉で、いろいろな立場の人がいろいろな状況で使える便利な表現です。時には、皮肉を込めて反語として使うこともあります。

参考　▶ **Good job.**　上出来だね。
　　　▶ **Great job.**　素晴らしい出来だ。
　　　▶ **Excellent job.**　ずば抜けた出来だ。

2 Well done.
よくできましたね。

Nice job. よりも少し改まった言い方です。

3 Good work.
いい仕事ですね。

　ここでは仕事で使っていますが、それ以外にもいろいろな状況でうまく行った行為をほめるのによく使います。皮肉を込めて使うこともあります。

参考　▶ **Nice work.**　よくやったね。

01 できあがった仕事をほめる（一般的）

▶ **Great work.** いい仕事だ。
▶ **Wonderful work.** 素晴らしい仕事だ。

4 Way to go!
やったね！

気のおけない者同士が使うくだけた言い方です。仕事だけでなく、首尾よく終わった事柄に幅広く使えます。皮肉を込めて使うこともあります。

5 I couldn't have done it better myself.
自分でやってもここまでできなかっただろう。

仕事に熟達している人が使う言い回しです。ほめる側がよくできる人だからこそ、言われるとうれしい言葉です。

[参考] ▶ **You did a better job than I could have done.** 君の仕事ぶりには私も顔負けだ。

6 I can see you put a lot of effort into it.
苦心のほどがよくわかりますよ。

仕事だけでなく、いろいろな状況で使えます。結果の良否ではなく、そこにいたる努力をほめる言葉です。改まった表現でもくだけた表現でもなく、会話的な表現です。

[参考] ▶ **It's evident you put a lot of effort into it.** 大変な手間がかかっていますね。＊改まった表現。
▶ **The effort you put into it shows.** 努力のあとが見えます。

7 I like what you've done.
あなたの仕事、気に入りました。

場面を問わず、いろいろな状況で使えるシンプルで使い勝手のいい表現です。すでにやりとげた仕事について相手をほめる言葉です。

[参考] ▶ What you've done is nice.　いい出来ですね。

8 We're impressed with your work.
なかなかの出来栄えですね。

やや硬い感じの言い方です。主語の we は、ビジネス絡みであることを示しています。すでに終わった仕事に対するほめ言葉です。

[参考] ▶ We're pleased with your work.　出来栄えにとても満足していますよ。
▶ We like your work.　いい出来ですね。

9 You did better than I expected.
期待以上にやってくれたね。

上司が部下に対して使う普通の言い方で、過去の業績をほめる場合に使います。

[参考] ▶ Your work went beyond our expectations.　期待を上回る出来栄えでした。＊改まった硬い感じの表現。
▶ Your work exceeded our expectations.　期待を超えた出来栄えでした。

10 Your hard work paid off.
努力が報われたね。

仕事で成果を上げ、褒賞を手にした人に、友達や同僚、仕事の関係者などが使う言い方です。

[参考] ▶ Your hard work has paid off.　努力が実を結んだね。
▶ Your hard work has been paying off.　努力が報われているね。

11 I hope you can keep up the good work.
そのやり方で頑張ってくれますか。

基本的には、上司が部下をほめるのに使う表現ですが、コツコツと頑張っている人をほめる場合ならどんな状況でも使えます。これまでの仕事をほめ、そのやり方で頑張るように励ましています。

参考 ▶ **Keep up the good work.** そのやり方で頑張ってください。
　　 ▶ **Keep doing what you're doing.** 引き続き、そのやり方でやってください。

会話例

A: I finished the report this morning. I left it on your desk.
B: Good work. I've been waiting to read it.
A: I hope you find my conclusions interesting.
B: No doubt, I will. I know you worked hard on it.

A: けさ、報告書を仕上げて机の上に提出しておきました。
B: お疲れさま。早く読みたいと思っていたんだ。
A: 結論がおもしろいと思っていただければうれしいんですが。
B: おもしろくないはずがないだろう。君があれだけ力を入れて仕上げたんだから。

02 できあがった仕事をほめる（特定）
Praising Someone for Work Completed (Specific)

　ビジネスで使える改まった響きのほめ言葉です。だれかをほめるなら、硬い英語表現を使う場合でも、単刀直入にほめるのがお勧めです。正攻法がベストだということをお忘れなく。反対に、ほめられた場合は謙遜しすぎてはいけません。ほめられるだけのことをしたのなら、「ありがとう」と言うだけでいいのです。

1 I'm impressed with your sales figures.
売上高には目を見張りました。

　強い満足感を伝える言い方です。

[参考] ▶ **I'm pleased with your report.**　あなたの報告書は気に入りました。＊be pleased with は be happy with より丁寧。

▶ **I'm satisfied with your spreadsheet.**　データ集計はよくできましたね。＊be satisfied with は相手の仕事への普通の満足感（acceptable であること）を伝える。

2 I'd like to compliment you on your handling of the project.
プロジェクト進行の手際に賛辞を呈したいです。

　ほめるときに compliment（賛辞）という語を使うと、改まった話しぶりになります。

[参考] ▶ **I'd like to say that you handled the project very well.**　あなたはプロジェクトを見事に仕切ったと言わせてほしいですね。

▶ **You handled the project very well.**　プロジェクトをうまく進めましたね。

3 Your presentation was very eloquent.
とても雄弁なプレゼンでした。

eloquent（雄弁な）は、インパクトの強い単語なので、ここぞというときに使いましょう。ただし、不用意に口にするとゴマをすっているような印象を与えてしまいます。

参考 ▶ **It was a very insightful presentation.**　洞察に満ちたプレゼンでした。
　　 ▶ **You made a very persuasive presentation.**　説得力のあるプレゼンをしましたね。

4 I really enjoyed your talk.
お話をおもしろくうかがいました。

この種の表現はシンプルで、しかも効果的です。

参考 ▶ **I got a lot out of your talk.**　お話からいろいろ得るものがありました。
　　 ▶ **I learned a lot from your talk.**　お話はとても勉強になりました。

5 Your comments at the meeting were helpful.
会議でのあなたの発言は有益でした。

helpful（役に立つ）は、実際どのぐらいほめているのか幾分あいまいですが、口先だけではないかと勘ぐられる心配のない使いやすい表現です。

参考 ▶ **I found your comments constructive.**　前向きな発言でしたね。＊constructive（建設的な）は個人の意見だけでなく全体のニーズも踏まえているというニュアンス。
　　 ▶ **What you said was to the point.**　核心を突いていました。＊会話的な表現。

6 I was especially interested in your analysis of our overseas operations.

わが社の海外事業についてのあなたの分析には特に興味を引かれました。

I was interested in your ...（あなたの…に興味を引かれました）は、ほめ言葉の定番です。会話では、... was interesting より自然に使われます。

参考 ▶ **Your analysis of our overseas operations was especially interesting.**　わが社の海外事業についての分析は特に興味深いものでした。

7 Your sales performance has been exceptional.

あなたの販売実績は抜群ですね。

exceptional（抜群の、並外れた）は excellent（素晴らしい）よりも強いほめ言葉です。

参考 ▶ **Your sales performance has been really good.**　販売実績がとてもいいですね。

▶ **Your recent management of the staff has been excellent.**　最近、スタッフの舵取りを非常にうまくやっていますね。

8 You've solved a difficult problem for us.

難問を解決してくれましたね。

solve a problem（問題を解決する）は、よく使われる言い回しです。

参考 ▶ **You've come up with a good way to overcome the problem.**　いい打開案を思いつきましたね。＊overcome（打ち勝つ）は problem をはじめ、difficulty（困難）、crisis（危機）、illness（病気）などと一緒に使用する。

▶ **Your solution to the problem is of great help to us.**　あなたの解決策はすごく助かります。

9 You deserve a lot of credit.
あなたの功績は高く評価されるべきです。

少し改まった言い方で、仕事やプロジェクトを完成させるために、相手が多大な貢献をしたということを表しています。仕事のほとんどを相手が一手にこなしたという意味にもなります。

[参考] ▶ **You did most of the work for this yourself.** 仕事の大半を一手にこなしていましたね。

▶ **The original idea for this was almost all your own.** もとになっているのはほとんどあなた一人のアイディアです。

10 I hope you can continue increasing our factory's production rate.
工場の生産率が引き続き上がるよう頑張っていただければと思います。

I hope you can ... は、丁寧な言い方です。continue を使うことで、「これまでもよくやってくれました」という気持ちをにじませています。

[参考] ▶ **I hope we can do even better with quality control next quarter.** 来期は品質管理がさらにうまく行くといいんですが。

会話例

A: I really enjoyed your talk. It was very interesting.
B: Thank you. I'm glad you liked it.
A: I learned very much from it. But I do have one question.
B: Really? What would you like to ask about?

A: お話、よかったですよ。とてもおもしろくうかがいました。
B: ありがとうございます。それは何よりです。
A: たいへん勉強になりました。でも、一つ質問があるんですが。
B: はい、どんなことでしょう?

03 仕事の能力をほめる
Praising Someone for Their Business Ability

仕事のスキルや能力をほめる一般的なほめ言葉です。社の内外に使える言い回しです。ほめ言葉は、新しい顧客との関係を深めたり、社内の人間とうまくやって行くために大切な役割を果たします。

1 You have a good business sense.
仕事のセンスがいいですね。

よく使われる言い回しで、good sense of business や good sense for business とも言えます。

参考 ▶ You have a good nose for business. ビジネスに鼻が利くね。＊口語的な言い方。

2 You are very good at business.
あなたはビジネスがとても上手ですね。

やさしい英語の言い回しですが、だれかをほめるときにいろいろ応用が利きます。

参考 ▶ I admire your business ability. あなたの実務能力には頭が下がります。
▶ You are quite the businessperson. 君はなかなかのビジネスパーソンですね。

3 I've never had your talent for business.
私はあなたのようなビジネスの才覚に恵まれませんでした。

この種の言葉は自分をけなして、相手を持ち上げる言い方です。日本語ほどではありませんが、英語でもときどき使われます。

参考 ▶ I'm not a businessperson like you. 私はあなたのような

ビジネスパーソンじゃありません。
▶ Unlike you, I'm not good at business.　あなたと違ってビジネスにはうといほうです。

4 You're one of our best salespeople.
あなたはうちのトップセールスマンの一人です。

強いほめ言葉です。その上、集団の中のたった一人ではなく、トップの10人とか20人に対して使えるので、使い勝手抜群です。

参考　▶ You're our best salesperson.　あなたはうちのトップセールスマンです。＊一人だけに使う。

▶ Your sales ability is quite remarkable.　あなたの販売能力は実に素晴らしいですね。

5 You should be the president of our company.
うちの社長になってくださいよ。

相手の能力と業績を持ち上げるほめ言葉です。この種の言葉はどちらかといえばお世辞として使われます。

参考　▶ You really deserve a promotion.　あなたが昇進するのは当然だ。

▶ I'm sure you're going to go far in our company.　絶対わが社で出世しますよ。

6 You'd make a great manager.
あなたはやり手の課長になりますよ。

だれにでも使える一般的なほめ言葉です。

参考　▶ We see now that you're definitely executive material.　こうしてみると、あなたはやはり重役の器ですね。

7 You're familiar with all the business trends.
ビジネストレンドに詳しいですね。

familiar は know よりほんの少し改まった感じですが、日常会話でよく使われます。

参考 ▶ **You really know the markets.** マーケットを熟知していますね。

▶ **You have a sense for where the money is.** 金儲けのセンスがありますね。

8 You're a genius.
あなたは天才だ。

とても強いほめ言葉です。この言い回しは、相手のアイディアをすごいと思ったときに広い範囲で使えます。

参考 ▶ **You're a genius when it comes to investments.** あなたは投資にかけては天才的ですね。

▶ **You're a financial wizard.** あなたは財務の魔術師だ。

9 You're the person we come to for advice on FOREX.
外国為替のアドバイスならあなたに聞きます。

ほめる相手である you を主語にして、目立つようにした言い方です。

参考 ▶ **We trust your intuition on the stock market.** 株式市場についてはあなたの勘を信じます。

▶ **Nobody knows marketing like you do.** マーケティングにかけてはあなたほど詳しい人はいませんよ。

10 We really need your skills in this field.
この分野でのあなたの技能が喉から手が出るほど欲しい。

こうしたシンプルな言い回しは、会話でとてもよく使われます。

参考 ▶ **We're in need of your expertise.** あなたの専門知識が必要です。＊expertise は expert knowledge（専門知識）のこと。

▶ **We need someone with your training.** あなたのような訓練を受けた人材が欲しいです。

会話例

A: You've been right about so many things.
B: Well, I've made some lucky guesses. Like that the ABC project wouldn't work out.
A: You should be the president of our company.
B: Ha, ha. That'd be the day.

A: あなたの言ったことはいろいろな点で当たっていましたね。
B: まあ、まぐれ当たりもありましたけどね。ABCプロジェクトは不発に終わる、とか。
A: あなたがウチの社長になるべきですよ。
B: ハハハ、とんでもない。

04 仕事ぶりをほめる
Praising Someone for Their Work Habits

上司が部下をほめるのに使います。部下の手際のよさやよい点をほめることによって、それが習慣になるように導いていく正の強化としても効果的です。部下も気持ちよく、仕事を効率的にこなすようになるはずです。

1 You work hard.
よく働きますね。

hard work はよく使われる一般的な言い回しです。ただし、You hardly work. と言ったら、「ほとんど働かない」という正反対の意味になってしまいますよ。

参考
- ▶ You're a hard worker.　よく働きますね。
- ▶ You're hard-working.　勤勉ですね。

2 I'm very pleased with your performance.
あなたの仕事ぶりにとても満足しています。

仕事ぶりをほめる少し改まった言い方です。

参考
- ▶ You perform your duties very well.　職務をよくこなしていますね。
- ▶ Your on-the-job performance is excellent.　あなたの勤務成績は素晴らしいですね。
- ▶ I'm happy with your work.　仕事ぶりに満足です。
- ▶ You do your job very well.　仕事をうまくやっているね。

3 You put so much effort into your work.
ずいぶん頑張って仕事をするね。

普通に使える言い方です。effort には time をつけ加えて time and effort（手間と労力）とすることもできます。

参考 ▶ **You always put in that extra effort.** いつも人一倍努力するね。

4 You're always on time.
いつも定時に来るね。

この種のほめ言葉は、ごく普通の会話で使われます。

参考 ▶ **You're never late.** 絶対遅刻しないね。
▶ **You always get to work at 8:30 sharp.** いつも8時半ジャストに仕事に取りかかっているね。

5 You take your job seriously.
仕事に真剣に取り組んでいるね。

上司が部下をほめるときに使う言い回しですが、同僚にも使えます。

参考 ▶ **You take pride in your work.** 仕事にプライドを持っているね。
▶ **You're very motivated.** 意欲満々だね。

6 You're well organized.
段取りよくてきぱきやるね。

よく使う言い回しです。well organized は、普通は書類などをきちんと整理整頓していることです。

参考 ▶ **You get the job done.** 実行力があるね。
▶ **You pay attention to small details.** 細部にまで注意を払っているね。
▶ **You don't make mistakes.** ミスしないね。

7 You meet deadlines.
締め切りを守りますね。

よく会話で使われる言い回しです。deadline は仕事絡みの状況ではよく使われます。

参考
- ▶ You take responsibility for your mistakes.　自分のミスには自分で責任を取っているね。
- ▶ You're very conscientious.　良心的ですね。＊少し改まった表現。
- ▶ You always do a good job.　いつもいい仕事をしているね。

8 You get along with everyone.
だれとでもうまくやっているね。

職場でだれとでもうまくやっている部下をほめる表現です。

参考
- ▶ You work well with others.　協調性があるね。
- ▶ Your coworkers say good things about you.　同僚の間で評判がいいよ。

9 You actively participate in meetings.
会議では活発に発言しますね。

職場や学校でよく使われる言い回しです。actively participate は、意見を言ったり、コメントしたりする、ということです。

参考
- ▶ You make good suggestions.　いい提案をしてくれますね。
- ▶ You're always thinking about how to do a better job.　どうしたら仕事がうまく運ぶか、いつも考えていますね。

10 You have excellent work habits.
仕事のやり方が素晴らしいね。

少しだけ改まった言い方で、模範となるような社員をほめる表現です。

|参考| ▶ **You're a model employee.**　模範社員ですね。＊やや改まった表現。

▶ **You set a good example for everyone.**　みんなのいいお手本ですね。

会話例

A: I'm very pleased with your work performance.
B: That's kind of you to say so.
A: You take your work very seriously.
B: Yes, I try to. It's important to do a good job.

A: 君の仕事ぶりには満足しているよ。
B: ありがとうございます。
A: 真剣に職務に取り組んでいるね。
B: はい、そう努めています。いい仕事をするのは大切なことですから。

05 うまく進んでいる仕事をほめる
Praising Someone for Their Work in Progress

上司から部下へのほめ言葉です。部下の仕事がうまく進んでいるとき、それを認めて、そのままの調子で続けるように言葉をかけます。今やっている仕事をほめるということは、相手を励ますことですから、部下のモチベーションを上げることにつながります。

1 Keep up the good work.
その調子でしっかりやって。

会話でよく使われる言い回しです。I hope you can をつけ加えると、もっと丁寧になります。

[参考] ▶ I hope you can keep up the good work.　その調子でしっかりやってください。

2 You're doing a great job.
すごくいい仕事をしているね。

この種の表現は会話でとてもよく使われます。

[参考] ▶ You're doing great.　その調子だよ。＊口語表現。
　　　 ▶ You're doing wonderfully.　りっぱにやっていますね。

3 You're making progress.
はかどってるね。

今進行している仕事やプロジェクトの進行具合をほめる、とてもよく使われる言い回しです。話し手の評価をつけ加えたければ、I'm glad や It's nice を前につけます。

[参考] ▶ It's good that you're making progress.　仕事がはかどっていていいですね。

▶ **That you're making progress is nice.**　はかどっているのは喜ばしいことです。＊やや改まった表現。

▶ **You're making steady progress.**　着々と進んでいますね。

4 We've been pleased with your work so far.
ここまでの仕事ぶりは気に入っています。

　現在までに仕上がった仕事にポイントを置いたほめ言葉です。so far（今までのところ）というフレーズが使われているので、会話的になっています。

参考 ▶ **We're satisfied with your work so far.**　ここまでの仕事ぶりには満足です。

▶ **Your work so far has been very good.**　君の仕事ぶりは今のところたいへんいいね。

5 We like what you've been doing.
このところの仕事ぶりはいいですね。

　今までやってきて、そしてまだ続いている仕事をほめる言い方です。

参考 ▶ **I have no complaints with the work you've been doing.**　あなたがやっている仕事には文句がありません。
＊I have no complaints with/about ... はやや改まった、淡々とした感じのほめ言葉になる。

▶ **The work you've been doing is good.**　あなたがやっている仕事は上出来です。

6 Your hard work is much appreciated.
あなたの努力に感謝します。

　上司が部下に対して使う言い回しなので、改まったニュアンスを伝える受身形になっています。

参考 ▶ **Your efforts are much appreciated.**　あなたの頑張りに感

謝します。
- ▶ **We appreciate your hard work and efforts.** あなたの努力と頑張りに感謝します。
- ▶ **I appreciate it.** ありがとう。＊普通の会話で使う表現。

7 You've been showing us a lot of good stuff.
本領発揮だね。

仕事で能力を発揮している人に対して使います。stuff は things と同じ意味で、会話ではよく使われます。

〔参考〕
- ▶ **We've seen a lot of good stuff from you.** あなたの素質を見せてもらいましたよ。
- ▶ **Your work is producing good results.** あなたの仕事は結果を出しています。＊少し改まった表現。
- ▶ **You've come up with many interesting ideas.** おもしろいアイディアをいくつも出してくれたね。

8 We'll be very interested to see your final report.
あなたの最終レポートに期待しています。

will を使うと、単純に「最終レポートに興味を持っています。あとで読みます」という事実だけでなく、「何があっても、あとで必ず読みますよ」という約束のニュアンスが加わります。

〔参考〕
- ▶ **We're waiting to see the document when it's finished.** 書類の仕上がりが待ち遠しいですね。

9 I hope the next part goes as smoothly as the first.
次の部分も、最初に劣らず順調に行くといいね。

I hope ... は、相手によかれという感情を表す言い方です。

〔参考〕
- ▶ **Just keep doing what you're doing.** この調子でそのまま

05 うまく進んでいる仕事をほめる

続けてほしい。＊会話でよく使う表現。
▶ **This is going to be great when you're finished.** 仕上がりが楽しみだ。

10 I'm sure you'll be able to do it.
あなたならできますよ。

今後について励ます言い回しです。

参考 ▶ **I have no doubt that you can finish in time.** あなたなら絶対期日までに仕上げられます。＊I have no doubt that ... は、I'm sure that ... の改まった言い方。

▶ **I have the utmost confidence in you.** あなたに全幅の信頼を寄せています。＊utmost confidence はかなり改まった言葉。

▶ **You've never let us down before.** 君にはがっかりさせられたことがない。＊let us down は disappoint us の会話的な言い方。

会話例

A: We like what you've been doing.
B: Really? I'm glad to hear that. Sometimes I've wondered if my work is up to standards.
A: No, we're satisfied with your work so far.
B: Well, that's good. I'll try to keep doing my best.

A: なかなかいい仕事をしていますね。
B: 本当ですか。それは何よりです。ときどき、こんな仕事じゃ通用しないんじゃないかと思うことがあって。
A: いやいや、これまでの出来栄えに満足していますよ。
B: それはよかった。これからもベストを尽くします。

21

06 仕事がまだ途中の人を励ます
Encouraging Someone with Their Work in Progress

上司から部下への励ましの言葉です。仕事はまだ途中なので、励ます言葉には評価に関わる内容を入れないのが基本です。そして、あとの仕事を同様に頑張ろう、という気持ちを部下に起こさせるために、すでに終えた部分についてほめる言葉を交えることが大切です。もちろん、問題があれば、指摘する必要がありますが、その際、自分の仕事が認められ、信頼されていることを、部下に感じとってもらっていれば、そういう指摘もスムーズに行くはずです。

1 Keep at it.
そのまま頑張って。

これには、「そのまま投げ出さずに」という意味合いが含まれています。この種の表現には、伝えたいニュアンスによっていろいろあります。

参考 ▶ **Keep it up.** その調子で続けてください。
▶ **Do your best.** ベストを尽くせ。
▶ **I hope you can keep up the good work.** 引き続き、そのようにお願いします。

2 You're making good progress.
はかどっていますね。

よく使われる表現で、good は great や wonderful に代えられます。

参考 ▶ **You're showing steady progress.** 着実に進んでいますね。
＊steady を使うと多少改まった感がある。
▶ **You're getting the job done.** 仕事が片付いていますね。

3 I'm sure you'll finish in time.
期日までには終わりますよ。

どちらかというと、直接的でくだけた言い方で、「心配するな」と相手

に伝える表現です。

参考 ▶ There's still two weeks before the deadline. 締め切りまでまだ２週間もありますよ。

▶ There's time, so don't rush. 時間はあるので、あせらないで。

4 You're almost there.
もうできたも同然ですよ。

よく使われる表現です。仕事で大変な思いをしている相手を「もう少しですよ」と励ます言い方です。

参考 ▶ You're halfway there. もう半分まで来てますよ。

▶ Just hang in there a little while longer. あと少しだから頑張って。＊かなり厳しい状況で頑張っている人に使う。

5 I know it's a difficult job, but I trust your abilities.
大変な仕事なのはわかっていますが、あなたならできますよ。

どちらかといえば、改まった言い方です。trust の後ろに、人間以外のものを持ってくると改まった感じになります。

参考 ▶ I'm behind you 100%. 100％バックアップします。＊少しくだけた言い方。

▶ I'm behind you all the way. いつでも応援していますよ。＊少しくだけた言い方。

6 We're still depending on you.
相変わらずあなたを頼りにしています。

改まった言い方です。重要な仕事がうまく回っていないような場合に使う、励ましの言葉です。

参考 ▶ There's a lot hanging on this. この仕事には多くがかかっ

ています。

▶ **This is an important project.** これは重要なプロジェクトです。

7 So far, so good.
ここまでは順調だね。

会話でよく使う言い回しです。仕事の進み具合や出来具合が、「今までのところ、とてもいい」ことを示し、これからもうまく行くように、という期待を表しています。

[参考] ▶ **So far you've been doing quite well.** ここまではなかなかいいですね。
▶ **What you've done up till now is very good.** これまでやった分はすごくいいですよ。
▶ **You're off to a good start.** 出だしは好調ですね。

8 There's no need for me to say anything.
何も言うことはないね。

「すごくいい仕事をしている」と相手に伝える言い回しです。よくも悪くも受け取れる表現なので、イントネーションや態度、ジェスチャーなどで、ポジティブな意味を演出することも大切です。

[参考] ▶ **You're already doing such a good job.** すでにいい仕事をしています。
▶ **You're doing fine on your own.** 君は立派に独り立ちしているよ。

9 It's just a small problem.
ささいな問題ですよ。

問題が起こって、意気消沈している相手を励ます言い回しです。たとえ問題が深刻であっても、「大した問題じゃありません、あなたなら何とか

06 仕事がまだ途中の人を励ます

できますよ」と、相手に自信を取り戻してもらう、前向きな表現です。

参考 ▶ **You'll manage somehow.** 何とか乗り切れますよ。
▶ **You'll find a way around the problem.** 切り抜ける方法が見つかりますよ。

10 I know you're behind, but you'll catch up.
遅れているのは知っているけれど、君なら取り戻せる。

よく使う会話表現です。仕事が予定より遅れている場合に、相手を励ます言い方です。

参考 ▶ **If you focus, I'm sure you'll meet the deadline.** 集中してやれば、締め切りに間に合うはずだ。
▶ **It'll get easier as you go along.** 先に行くほど楽になるよ。

会話例

A: You've been making such good progress. I'm really impressed.
B: The work was actually easier than I expected it to be.
A: I'm sure you'll finish in time. Maybe even a little early.
B: Well, I don't know about that. But I'm sure I'll meet the deadline.

A: ずいぶんはかどっているね。大したものだ。
B: 思っていたより簡単な仕事でした。
A: 期日に間に合うのは間違いないね。もっと早めに仕上がるかもしれないぞ。
B: さあ、どうでしょう。でも、締め切りは確実にクリアできます。

07 社員の能力をほめる
Praising the General Abilities of an Employee

社員の総体的な能力をほめる言葉です。その人に好印象を持っていることを伝えます。あまり具体的である必要はありませんが、現実とあまりにもかけ離れたことを言うと信憑性がなくなってしまいます。しかし、ほめるときにはしっかりほめることが仕事をスムーズに進めるためには大切です。手放しでほめたほうがいいのか、抑え気味にほめるほうがいいのかなど、考えて言いましょう。

1 I don't know what I'd do without you.
君なしではどうしたらいいか。

かなり手放しのほめ言葉です。

[参考] ▶ We wouldn't know what to do without you. 君抜きでは手も足も出なかっただろう。

2 You're one of our best employees.
君はトップレベルの社員の一人だ。

one of the best（指折りの）は、相手の心をくすぐりつつ、信憑性も感じさせる会話的な言い方です。

[参考] ▶ You're a valuable member of the team. あなたはチームの重要な一員だ。*少し改まった表現。
▶ You're an asset to our company. あなたはわが社の財産だ。*改まった表現。

3 Nobody knows our office like you do.
君ほど職場を熟知している人間はいない。

責任感を持って、良心的に仕事に取り組んでいる人や、信頼できる秘書に対して使います。「いつも仕事をうまく進めてくれていますね」と相手への信頼を伝える表現です。

> 参考 ▶ **You're always on top of things.** いつもうまく仕切っているね。
> ▶ **You keep track of everything.** すべてに精通していますね。
> ▶ **You keep everything running smoothly.** すべてを円滑に進めてくれますね。

4 You're good at doing so many different things.
いろいろなことをうまくこなしますね。

職場だけでなく、いろいろな場面や状況で使える、広い意味のほめ言葉です。

> 参考 ▶ **You have so many different abilities.** ずいぶん多才だね。
> ▶ **Everything you do you seem to do well.** 何でもうまくこなしているようだ。

5 We rely on you.
君を当てにしているからね。

「頼りにしています」と、相手が自分の大きな助けになっていることを伝える表現です。

> 参考 ▶ **We depend on you.** 君を頼りにしているよ。
> ▶ **We trust your judgment.** 判断を信頼している。＊相手の知識を認める言い方。
> ▶ **We can always count on you.** いつも頼りになるね。

6 We have complete confidence in your abilities.
あなたの能力を全面的に信頼しています。

相手への信頼を表す、改まった言い方です。

> 参考 ▶ **You really inspire my confidence.** 信頼感がわきます。
> ▶ **I have the highest regard for your abilities.** 能力を高く買っています。

7 We've been most pleased with the results of your work.

あなたの仕事の結果にたいへん満足です。

かなり立場が上の人が目下の人をほめる場合に使う、改まった言い回しです。

参考 ▶ We find your work to be more than satisfactory.　あなたの仕事は申し分ありません。

8 You're a fast worker.

仕事が速いですね。

仕事の能力について、よく使われるほめ言葉です。

参考 ▶ You're a very skillful worker.　とてもスキルが高いですね。＊skillful にはやや改まった感じがある。
▶ You're very capable.　とても有能ですね。＊capable にはやや改まった感じがある。
▶ You're always careful in your work.　いつも仕事が丁寧ですね。

9 We really like the work you do.

われわれは君の仕事が気に入っているよ。

ほめ言葉として効果的な、とてもシンプルな言い回しです。

参考 ▶ You do good work.　いい仕事をするね。
▶ You always do a good job.　いつもいい仕事をするね。

10 We're glad you joined the team.

チームにようこそ。

新入社員に使う言い回しです。「これから期待していますよ」と相手に伝える表現です。

07　社員の能力をほめる

参考　▶ **Glad to have you on board.**　よろしくお願いします。
　　　▶ **We're expecting great things of you.**　頼りにしています。

会話例

A: I've completed all the accounting reports for this month.
B: I don't know what I'd do without you.
A: Well, I was just doing my job.
B: That's true. But you're really one of our best employees.

A: 今月分の会計報告を仕上げました。
B: 君がいなかったらお手上げだね。
A: いいえ、自分の仕事をしているだけですから。
B: 確かにそうだが、君は社員として社内でもトップクラスだよ。

08 新人を励ます
Encouraging Someone New to a Job

　直属の上司が新人の部下に使う表現です。新入社員に限らず、新しく部署に配属になった人は、まだ職場になじんでいません。そこで、以前の業績をほめたり、慣れないうちのミスは当たり前とアドバイスしたり、とにかく周りに溶け込めるように、言葉をかけることが大切です。大事なのは、職場の人間関係を、親しみやすいものにすることです。そのためには、はっきり上下関係を作るような、改まった表現は避ける必要があります。

1 You'll do fine.
うまくやっていけますよ。

　上司が、職場で新人に言う、最初の激励の言葉です。fine を great に代えても使えます。

[参考]
- ▶ **You'll soon get used to things.**　すぐ慣れますよ。
- ▶ **Things aren't as difficult as they look.**　見かけほど大変じゃないですよ。＊ごく普通に使われる言葉。
- ▶ **Things aren't as bad as they look.**　見かけほど悪くありませんよ。
- ▶ **The first day is always the hardest day.**　初日がいちばん大変なんです。＊口語的、くだけた表現。

2 Don't worry if you make a few mistakes at first.
最初はしくじっても構いませんよ。

　ミスをした部下を励ます、よく使う言い回しです。

[参考]
- ▶ **It wasn't a big thing.**　大したことじゃない。
- ▶ **Just forget about it.**　もうそれはいいんだ。
- ▶ **You're basically doing OK.**　基本的にはちゃんとやってい

るよ。＊相手のミスに気づいたときに使う。

② Remembering everyone's names will take some time.
全員の名前はなかなか覚えられないでしょう。

慣れていない人に、「大丈夫だよ」と伝える表現です。

[参考] ▶ It will take a little while to get used to office procedures.　いろいろな手順を覚えるには時間がかかるでしょう。

▶ It's natural that there's a lot you don't know yet.　知らないことが多いのは当たり前です。

③ The section chief is a little hard to deal with, but you'll grow to like him.
部長はとっつきにくいが、だんだん好きになるよ。

仲間うちで使う、会話的な言い回しです。直属の上司が使うことで、部下との関係を親密にします。

[参考] ▶ You don't have to worry about the boss since he's rarely here.　部長はあまり席にいないから気にしなくても大丈夫。

▶ The president has his strange points, but basically he's a nice man.　社長は変わったところもあるけど基本的にいい人だよ。

④ Here's your desk.
これが君の机だ。

新人に職場を案内するときに、歓迎しているという意味を込めてよく使います。「気楽にね」と相手に伝える表現です。

[参考] ▶ This is where you'll work.　ここが君の職場だ。

▶ Please make yourself comfortable.　気楽にして。

▶ You can put your things here.　持ち物はここに置くといいよ。

5　Everyone who works here is really nice.
みんな、気のおけない人ばかりだ。

シンプルな励ましの表現です。

参考　▶ Everyone here is great people.　すごくいい人ばかりだよ。
　　　▶ You'll like your coworkers.　みんなと気が合うと思うよ。

6　We've heard so much about you.
評判は聞いていますよ。

新人と近づきになるための、きっかけづくりの言い回しです。

参考　▶ We're pleased to meet you.　はじめまして。
　　　▶ Everybody's been waiting to meet you.　どんな人が来るか、みんなで楽しみにしていました。
　　　▶ Let me introduce myself.　自己紹介させてください。

7　I'm sure you're going to love your job.
絶対この仕事が好きになるよ。

少しくだけた言い方で、「おもしろい仕事なので、あなたも気に入りますよ」と相手に伝える表現です。

参考　▶ You'll find your job to be challenging but rewarding.　大変だけどやりがいがある仕事です。＊やや改まった表現。

8　The important thing is to just relax.
大切なのは肩の力を抜くことだ。

相手の気持ちを楽にさせる、会話表現です。いろいろな状況で応用できます。

| 参考 | ▶ **Be yourself.** 自然体で行ってください。
| | ▶ **You don't have to worry about little things.** 細かいことは気にしないで。

9 We're expecting great things of you.
期待していますよ。

実力があると見込んだ相手に使う、期待に満ちた表現です。

| 参考 | ▶ **We know you have a lot to offer to our company.** わが社に役立ってもらえそうですね。
| | ▶ **We'd really like to see what you can do.** お手並みを拝見するのが楽しみです。

会話例

A: Well, how does it feel to be an employee of ABC Company?
B: It feels very nice. I hope I can do a good job.
A: I'm sure you will. I think you will find your job challenging but rewarding.
B: Well, I like being challenged. And doing something well is its own reward.
A: ABC社に入社しての感想は？
B: うれしいですね。いい仕事ができるといいんですが。
A: 君ならできるだろう。仕事は大変だが、得るところも多いと思うよ。
B: 大変なのは望むところです。それに、何かうまくできれば、それ自体がご褒美になりますからね。

09 取引先の会社をほめる
Complimenting a Company You Do Business With

礼儀正しいほめ言葉です。「よく知らない相手には丁重に接する」というのは、国が違っても、文化が違っても同じです。相手と重要な仕事に取り組むのであれば、なおさらです。礼儀正しいほめ言葉は、新規のお客様に対しても、長い付き合いのお客様に対しても、よい関係を築いていくためには不可欠なものなのです。

1 It's a pleasure doing business with you.
あなたと組んで仕事ができて光栄です。

相手との仕事を歓迎する丁寧な表現です。

[参考] ▶ **Doing business with you is always a pleasure.** あなたと仕事をするのはいつでも歓迎です。＊always には以前にも一緒に仕事をしたことがある、という意味が含まれる。

▶ **It's always great doing business with you.** いつもあなたの仕事は最高です。＊短くして、Great doing business with you. とも言う。

2 Working with your company has been a positive experience.
御社と仕事をさせていただき、いい経験になりました。

「2つの会社が一緒に仕事をしている間ずっと、いい経験をさせていただきました」ということを伝える改まった表現です。positive experience（ポジティブな経験）はいろいろな状況で使える便利なフレーズです。

[参考] ▶ **Working with your company has been to our mutual benefit.** 御社と組ませていただいたことは双方にとって有益でした。

▶ **It's good working with your company.** 一緒にお仕事させていただき、何よりです。＊口語表現。

3 **We're glad that we've been able to establish such good relations with your company.**

御社とこのような良好な関係を築くことができて何よりです。

相手の会社と、良好な関係を築いていることを伝える表現です。

参考 ▶ **I'm glad we've been able to work together.** 一緒にお仕事ができて何よりでした。

▶ **We've done very well together over the last few years.** この数年、手を結んでうまくやってきましたね。

4 **You're our major supplier of the zirconium we use in our manufacturing process, and we've had no complaints with your service.**

御社は弊社が製造過程で使うジルコニウムの主要な仕入先ですが、御社の業務は申し分ありません。

この種の言葉は、ビジネスで使われる改まった表現です。できるだけ、ポジティブな言い回しや単語を使うように心掛けましょう。

参考 ▶ **We've been entirely satisfied with the products you've supplied us with.** 御社から仕入れる製品には全面的に満足しています。＊entirely が大きな満足感を表している。

5 **We find your company to be a leader in its field.**

御社は業界のリーダー的存在ですね。

会社に対する一般的なほめ言葉です。

参考 ▶ **Your company has many strengths.** 御社にはいろいろな強みがあります。

▶ **You company produces innovative products.** 御社は革

新的な製品を生産しています。

> **6 We have had to rely on your company for the distribution of our products in Europe, and to be frank you have done a fantastic job.**
>
> 弊社製品の欧州での販売を御社にお願いしてまいりましたが、率直な話、素晴らしい仕事をしていただいております。

改まったビジネス英語表現です。fantastic が使われているため、話し手が本心から言っているという気持ちが伝わります。

[参考] ▶ **Your work in promoting the sales of our products has far exceeded our expectations.** 弊社製品の販売促進にあたり、御社はわれわれの期待をはるかに上回りました。

> **7 The market has seen its ups and downs, but we've hung in there together.**
>
> この業界も浮き沈みがありましたが、御社と弊社は組んで頑張ってきました。

どちらかというと会話的な表現です。相手の会社のおかげで、自分たちが何とかやってこられた、ということを相手に伝えます。

[参考] ▶ **We've been through a lot together.** お互い苦労を共にしてきました。

▶ **You've always been there for us, even when times were tough.** 厳しい時期もいつも支えていただきました。

> **8 Our companies share much in common.**
>
> 御社と弊社には共通点がたくさんあります。

相手先との新しい取引や事業を期待していることを伝える表現です。

[参考] ▶ **We have similar interests in emerging economies.** 御社と弊社は新興経済国において同じような利害があります。

9 We hope our two companies can continue working together in the future.

今後も両社が取引を続行できるよう望んでいます。

そんなに改まった言い方ではありませんが、continue は keep ほどくだけた表現ではないので、ビジネスでも使いやすい単語です。

[参考] ▶ **I hope we'll be able to continue doing business together.** これからも取引が続くことを望みます。

10 We look forward to hearing from you again soon.

またご連絡いただければ幸いです。

連絡をしてほしい、と相手に伝える表現です。look forward to ... と現在形なので、少し改まった感じになります。

[参考] ▶ **I hope to hear from you again soon.** お返事をお待ちしています。
▶ **Please feel free to contact me anytime.** いつでも遠慮なくご連絡ください。

会話例

A: Thank you very much for everything.
B: No, I'm the one who should really be thanking you.
A: Well, it's been a pleasure doing business with you.
B: Yes, a pleasure doing business with you, too.

A: いろいろありがとうございました。
B: いえいえ、それはこちらのせりふですよ。
A: 御社とお取り引きさせていただき、何よりでした。
B: こちらこそ、お取り引きいただきありがとうございました。

10 新規事業の立ち上げで人を励ます
Encouraging Someone at the Start of a Project

プロジェクトの立ち上げ時に役に立つ表現です。物事は最初が肝心で、だからこそ、プロジェクトの立ち上げに加わる人を励ます言葉は、とても大切です。その中には、相手への信頼、特別な才能を認めること、そして、「どんなことがあろうときっと乗り越えられる」と請け合うこと、などが含まれています。

1 I know you can do it.
あなたなら絶対できますよ。

I know (that) ... は結果について絶対的な確信を持っていることを示す表現です。I think/feel (that) ... にすることもできますが、こちらは確信が少し弱くなります。

[参考] ▶ **I know you won't disappoint us.**　あなたなら絶対期待を裏切りませんよ。

▶ **You should be able to carry it out successfully.**　きっとうまくやってのけられますよ。＊should be able to ... は大きな可能性を表す。

2 We're confident that you'll succeed in this project.
あなたがこのプロジェクトで成功すると確信しています。

少し改まった言い方で、相手の能力を信頼し、「あなたならその仕事は、かなり高い確率でできるはずだ」と伝える表現です。

[参考] ▶ **We have every confidence in your ability.**　あなたの能力に全幅の信頼を置いています。

▶ **We're sure you can find a way to do it.**　あなたならやり遂げる道を見つけるはずだ。

3 For someone of your ability, this will be a piece of cake.

あなたほどの能力の持ち主なら、こんなこと朝飯前でしょう。

相手を少し持ち上げて、その能力を評価する言い方です。

[参考] ▶ This should be easy for you.　あなたには簡単でしょう。

4 We're open to any ideas you have.

あなたのアイディアは大歓迎です。

アイディアを出してくれるように促す一般的表現で、よく使われます。

[参考] ▶ Please tell us what you really think.　本音を聞かせてください。
　　　▶ We want fresh ideas.　斬新なアイディアを求めています。

5 You're the only one we could ask to do this job.

この仕事を頼めるのはあなたをおいてほかにいません。

　この種の言葉は、社外の人に何か依頼をするといった、だれかに特別な頼み事をするときに使います。相手のほかの人にはない才能やスキルにスポットを当てています。普通に使える言い回しです。

[参考] ▶ There was no one else to ask.　ほかに頼む人はいません。
　　　▶ We need your special talents.　あなたの特別な才能が必要です。

6 We're asking a lot of you, but you'll be rewarded for your time.

注文は多いですが、それだけの見返りはあります。

相手が仕事に興味を持ってくれるように、金銭やほかの形の報酬があることを示す表現です。

参考 ▶ This is a chance for you.　あなたにとってチャンスです。
　　　▶ It's a golden opportunity.　千載一遇のチャンスです。
　　　▶ You'll make a lot of money.　儲かりますよ。

7 We hope you can become a member of our team.
われわれのチームの一員になってほしい。

相手をこれから立ち上げるプロジェクトに誘い、ヘッドハンティングするときに使う言い方です。「チームの一員になる」ということは、「会社に入社する」ということです。

参考 ▶ Think about it; you have a lot to gain.　考えておいてください、得るものは多いですよ。

8 Remember that if you run into any problems, you can always get Ms. Chen to help you.
問題にぶつかったら、いつでも陳さんが助けてくれますから。

よく使われる口語的な表現で、「どんな問題があろうと心配しないで。手助けしますから」と励ます言い方です。

参考 ▶ If you have any questions, please ask.　質問があったら何でも聞いてください。
　　　▶ Let us know if you have any problems.　問題があったら何でも言ってください。＊Please tell me if ... と言っても可。

9 I don't think you'll have any problems.
問題は起きないと思いますよ。

今後のことを心配する相手に、「大丈夫です」と伝える言い方です。

参考 ▶ I don't foresee any major problems.　大きな問題はない

と思われます。
- ▶ **You should be able to complete it in a short time.** 短時間で仕上げられるでしょう。

10 We're not really asking you to do so much.
それほど大変なことをしろと言っているわけではありません。

プロジェクトに誘われた相手がしぶった場合に使います。断る理由がないことを強調し、「ゆっくり考えてみてください」と伝える言い方です。

参考
- ▶ **Just think about it.** ちょっと考えておいてください。
- ▶ **Don't say no too quickly.** 慌ててノーと言わないで。
- ▶ **You have a lot to gain.** 得るものがたくさんありますよ。

会話例

A: We're confident you can succeed in this project.
B: I'm glad you feel that way. I think I can make a good contribution to this project.
A: I don't foresee any problems, but if you have any difficulties please let me know.
B: Yes, I'll be sure to do that.

A: あなたならこのプロジェクトで成功しますよ。
B: そう思っていただけると何よりです。このプロジェクトでお役に立てそうな気がします。
A: 問題はないと思いますが、何か困ったことがあったら言ってください。
B: はい、そうさせていただきます。

II章

仕事の実績をほめる・励ます

Business-Related Expressions
of Praise and Encouragement

11 実績をほめる
Praising Someone for Their Performance

　実績を評価する立場の人が使う表現です。部下は「ほめて、伸ばす」ことです。仕事の実績をたっぷりほめて、直接フィードバックを与えることで、やる気を引き出します。大切なのは、「自分の仕事は評価されている」と部下が感じられることです。評価する側は、「どこが評価されているのか、わからない」とか、「自分は評価されていない」と感じさせないように、ほめ言葉を惜しんではいけません。

1 You've been doing great.
頑張っていますね。

何にでも使える表現ですが、仕事に関連して使うととても効果的です。

[参考] ▶ **What you've been doing is really great.**　本当にいい仕事ぶりですね。＊仕事の結果にポイントを置いた言い方。

▶ **You're doing fine.**　よくやっています。

2 Your performance has been excellent.
あなたの仕事の実績は素晴らしいですね。

仕事の実績をほめる、少し改まった言い方です。実績にはランクがあり、上から、excellent（最高）、very good（たいへんよい）、good（よい）、above average（平均以上）、average（平均）、below average（平均以下）、poor（劣る）となります。

[参考] ▶ **You've been performing your duties very well.**　職務をとてもよくこなしています。

▶ **Your on-the-job performance has exceeded our expectations.**　あなたの仕事の実績は期待以上です。

11 実績をほめる

3 We've had no problems with your work performance.
仕事の実績において問題はありません。

どちらかというと改まった言い方で、仕事全般に使えます。

参考
- We're satisfied with your work.　あなたの仕事に満足しています。
- You've performed your duties admirably.　りっぱに職務を果たしています。＊admirably は改まった単語なので、very well とすることもできる。

4 You've showed us you have what it takes.
あなたには仕事に必要な資質が備わっていますね。

会話でよく使う、漠然とした言い方です。

参考
- You've got what it takes.　有能ですね。＊くだけた表現。
- You've proved yourself.　自分の能力を証明しましたね。
- You've demonstrated your ability.　頭角を現しましたね。

5 You always keep our best interests in mind.
あなたはいつも社のためを考えていますね。

仕事ぶりを示す会話表現です。

参考
- You pay attention to details.　細かい気配りをしていますね。
- You rarely make mistakes, even small ones.　ほとんどノーミスで小さなミスも犯しませんね。

6 You're our most valuable player.
あなたはわが社の MVP（最優秀選手）です。

ビジネスに限らないで使えるほめ言葉です。特に MVP は一人しかいな

45

いので、最高のほめ言葉になります。

参考 ▶ **We'd be lost without you.** あなたがいないとお手上げです。
▶ **We appreciate your contribution to the success of our company.** わが社の成功への貢献に対し、あなたに感謝しています。＊ビジネス英語の改まったフレーズ。

7 You did great.
よくやった。

使用頻度の高い言い回しです。以前に特定の仕事で挙げた成果をほめ、「よくやった」と相手に伝える表現です。

参考 ▶ **You've done great.** 素晴らしい仕事ぶりだ。＊複数の仕事に対して使う。
▶ **What you did is great.** 目覚ましい働きでしたね。＊ひとつの仕事に対して使う。

8 You handled the situation very skillfully.
巧みに状況に対処しましたね。

どちらかというと会話的な表現で、仕事上の問題をうまく処理したことをほめる言い方です。skillfully は well に代えることもできます。

参考 ▶ **You dealt with the problem in a good way.** うまく問題を処理しましたね。
▶ **You made everyone happy.** おかげで円満に収まりました。
▶ **You turned the situation around.** 事態を逆転させましたね。
▶ **You saved face.** 面目を保ちましたね。＊妥協やかけ引きで双方の顔を立てたという意味。

9 Wow, I didn't think you could do it.
いやあ、君にあんなことができるとはね。

　もうだめだ、と思われた問題を乗り切った相手に、「すごいですね」と賛辞を伝える言い方です。Wow があるため、くだけた言い方になっていますが、なければ、ニュートラルな表現です。

参考
- **I'm impressed.**　感服しました。
- **You've left us all impressed.**　あなたには皆、感心しましたよ。

10 Without you, we couldn't have done it.
あなたなしでは成しとげられませんでした。

　プロジェクトで重要な役割を果たした人をほめる言い方です。

参考
- **We're in your debt.**　あなたに借りができましたね。
- **You've been a lifesaver.**　君は命の恩人だ。
- **You really helped us.**　おかげで本当に助かりました。

会話例

A: Your on-the-job performance has been excellent.
B: Thank you. It's kind of you to say that.
A: One thing I like is that you pay attention to small details.
B: Well, I think that's important.

A: 君の仕事ぶりは実に素晴らしいね。
B: ありがとうございます。そんなふうに言っていただけるなんて。
A: ひとつには、細かいところまで配慮が行き届いているというのがいいね。
B: はい、それは大事なことだと思います。

12 アイディアをほめる
Complimenting Someone on Their Idea(s)

アイディアや意見が、自由に飛び交う環境を作るためのほめ言葉です。みんながアイディアや意見を出してくれるようになるには、環境を作ることが大切です。それには、まず、ほめること。出されたアイディアなどに賛成できないこともあるでしょうが、そんなときでも、「言ってくれて、ありがたいよ」とほめることで、意見交換が活発になります。

1 That's an excellent idea.
素晴らしいアイディアです。

かなり強いほめ言葉です。ほめるときには、イントネーションが大切です。淡々と平板に発音しないように心掛けてください。

[参考]
- ▶ That's a good idea. いいアイディアですね。
- ▶ Your idea is a very good one. あなたのアイディアはすごくいいですね。
- ▶ I like your idea. そのアイディアは気に入りました。＊いちばんよく使われるフレーズ。

2 Well said.
うまいことを言いましたね。

どちらかというと改まった言い方です。

[参考]
- ▶ I couldn't have said it better myself. 私自身でもそんなにうまく言えなかったでしょう。
- ▶ You have a way with words. 弁舌さわやかですね。

3 That's brilliant.
冴えてるね。

相手の表現が知的で洞察に満ちているという意味で使われます。

12 アイディアをほめる

> 参考
> ▶ **You're a genius.**　天才だね。＊ややオーバーに相手を持ち上げる、ユーモラスなほめ言葉。
> ▶ **You're so smart.**　頭が切れるね。
> ▶ **Your comments are so insightful.**　あなたのコメントは洞察に富んでいます。＊やや改まった言い方。

4 I wonder why I didn't think of that.
なぜ自分で考えつかなかったのかな。

「自分では気づかなかった」と言うことで、相手に「（私より）鋭いですね」と伝える言い方です。

> 参考
> ▶ **Why didn't I see that?**　なぜ自分で気づかなかったんだろう？
> ▶ **I didn't realize that before.**　これまで気づきませんでしたよ。＊単純に、自分が気づいていなかった、という意味。

5 Exactly.
まさにその通り。

強い同意を伝える、短くて効果的な表現です。相づちとしてよく使います。

> 参考
> ▶ **That's exactly what I think, too.**　私もまさにそう思っています。
> ▶ **You're totally right.**　全面的にあなたが正しいです。
> ▶ **I think you're right.**　あなたが正しいと思います。

6 That's true.
本当ですね。

この種の言い回しには、「意見の裏づけとなっているデータを認めた」という意味合いが含まれています。同意とはやや異なる表現です。

> 参考
> ▶ **What you say is true.**　あなたの言うことはもっともです。

▶ **I had to think about it, but now I see that what you say is true.**　考えてみましたが、今ではあなたの言うことがもっともだと思います。

7 That makes perfect sense.
まったく道理にかなっています。

相手の発言内容についての言い回しです。同意するというより、理解できるというニュアンスです。

参考　▶ **I understand.**　理解できます。
▶ **I know where you're coming from.**　おっしゃることはわかります。
▶ **I agree with that.**　その点に関しては賛成です。

8 You're helping me to see a lot of things more clearly.
おかげさまでいろいろなことがはっきりしてきました。

相手に「意見の内容を理解しました」と伝える、会話的な言い方です。see には「(精神的にではなく、物理的に) 理解する」という意味があります。

参考　▶ **I see your point.**　論点がわかります。
▶ **I see what you're saying.**　あなたの言っていることはわかります。
▶ **Your suggestions are very helpful.**　あなたの提案はとても役立ちます。

9 Your ideas are very well thought out.
考え抜かれたアイディアですね。

どちらかというと改まった表現で、アイディアの良し悪しはコメントせずに、相手をほめる言い方です。

50

> 12 アイディアをほめる

参考 ▶ **You expressed yourself very well.**　説明がうまいですね。
　　　▶ **Your comments are very perceptive.**　鋭いコメントですね。
　　　▶ **Your way of thinking is unconventional but I like it.**
　　　　変わった考え方ですが、なかなかいいですね。

🔟 Please go on. I'm interested in your idea.
どうぞ続けてください。あなたのアイディアに興味があります。

　会話でとてもよく使う表現です。「アイディアを聞かせてください」と頼むのは、相手の話を聞きたがっているということなので、相手を立てることになります。

参考 ▶ **Please continue.**　どうぞ続けてください。
　　　▶ **I want to hear more about your idea.**　あなたのアイディアをもっとうかがいたいですね。

会話例

A: We should increase our exports, but we shouldn't forget about the domestic market.
B: Yes, that's true.
A: The domestic market will never make up much of our sales. But we can use it as a test market for our new products.
B: Hmm. That's a good idea.

A: 輸出の増大は必要ですが、国内市場も忘れてはいけません。
B: それは本当だね。
A: 今後、国内市場が売上の大きな部分を占めることはないと思いますが、新製品のテストマーケティングとして活用できるんじゃないでしょうか。
B: なるほど、いいアイディアだ。

13 成しとげたことをほめる
Praising Someone for Accomplishing Something

　同僚同士でも使える表現です。仕事でもプロジェクトでも、何かを成しとげるというのは、業務の中で重要なことなので、職場での会話によく登場します。相手がやったことを認める、相手の能力をほめる、仕上がった仕事をほめる、労力の大きさをほめる、など多彩な表現があります。特に、大きな業績が絡むプロジェクトを成しとげた場合には、人間関係をスムーズにするためにも、必ずお祝いの言葉を述べましょう。こうした表現は、同僚同士でも、上司が部下に対しても、場合によっては、部下が上司に向かって使うこともできます。もちろん、ビジネス以外にも応用できます。

1 You did it.
やったね。

　シンプルなほめ言葉です。did にアクセントを置くとほめ言葉になり、you にアクセントを置くと、よくない行動をたしなめる言葉になります。

[参考]
▶ **You pulled it off.**　うまくやったな。＊くだけた表現。
▶ **You accomplished what you set out to do.**　初志貫徹しましたね。＊改まった表現。

2 We knew you could do it.
あなたならできると思っていた。

　相手への信頼を伝える表現です。

[参考]
▶ **That you could do it didn't surprise us.**　あなたならできて当然だ。＊語順が変わっているため、少し改まった表現になっている。
▶ **We expected that you could do it.**　あなたならやってくれると思っていましたよ。＊改まった表現。

13　成しとげたことをほめる

3 I didn't know you had such a talent for public speaking.
人前で話をするのがあんなに上手だとは知らなかったよ。

会話でよく使います。I didn't know ... は、「驚いて感心しました」という、ほめ言葉になります。

[参考] ▶ I didn't know you were such a talented designer.　あんなに有能なデザイナーだとは知らなかった。

4 You're really a person of many talents.
本当に多才だね。

会話でよく使う表現です。相手の才能に驚くことは、とてもうまいほめ言葉になります。

[参考] ▶ Your many talents never fail to surprise me.　君の多才ぶりには驚きっぱなしだよ。
▶ You have so many hidden talents.　いろいろ隠れた才能があるね。

5 What you did is amazing.
すごいことをやってのけたね。

一般的な会話の中で、相手がしたことに「とても驚いた」と伝える表現です。

[参考] ▶ I'm amazed at what you did.　君がしたことにびっくりした。
▶ This is incredible.　信じられない。
▶ You've accomplished something extraordinary.　途方もないことをやりましたね。＊extraordinary は、やや改まった感のある語。

6 It was quite a piece of work.
これは素晴らしい出来だね。

会話でよく使われる、仕事の出来栄えに関するほめ言葉です。

参考 ▶ It was no mean accomplishment. 並大抵のことじゃない。
▶ I got to hand it to you. 脱帽するよ。

7 You hung in there.
頑張ったね。

会話でよく使われる言い回しで、大変な状況であっても、あきらめずに、仕事をやりとおしたことをほめる表現です。

参考 ▶ You persevered. 途中であきらめませんでしたね。
▶ You worked hard and you did it. 頑張ってやりとげたね。

8 You really gave it everything.
全力を尽くしたね。

会話的な表現で、相手の頑張りを評価するほめ言葉です。結果は出せなかったけれど頑張った場合にも使えます。

参考 ▶ You gave it your best shot. 会心の一撃だったね。
▶ You did your best. ベストを尽くしたね。
▶ You didn't give up. あきらめずに頑張ったね。
▶ You gave it all you were worth. 最善を尽くしましたね。
 ＊やや改まった表現。

9 You proved you have it in you.
ガッツを見せましたね。

よく会話で使われるフレーズで、相手の頑張りをほめる言葉です。

参考 ▶ You showed you have what it takes. 底力を見せましたね。

> ▶ **You showed us you're not one to give up.** たやすく引き下がらないところを見せてくれましたね。
> ▶ **You demonstrated your abilities.** 有能さを証明しましたね。＊demonstrate は改まった感のある語。

10 I really want to congratulate you.
心からお祝いを申し上げたい。

　業績に結びつく仕事やプロジェクトを、成しとげた人に向かって言うフレーズです。I want to ... をつけたことで、やや丁寧な表現になっています。

参考
> ▶ **Congratulations!** おめでとう。
> ▶ **I congratulate you.** おめでとうございます。＊やや改まった表現。
> ▶ **I give you my congratulations.** おめでとうと言わせてください。＊かなり改まった表現。

会話例

A: This is incredible. Your sales figures for last month are double everyone else's.
B: Yes, it was a good month for me. And I had some lucky breaks, too.
A: Well, you proved you really have it in you.
B: It was difficult for me at first working sales, but recently I'm feeling more confident.

A: これはすごい。先月の君の販売実績は、ほかのみんなの２倍だよ。
B: はい、調子のいい月でした。ラッキーなこともいくつか重なりましたし。
A: いやあ、実力を証明したね。
B: 始めは販売の仕事が大変でしたが、最近、自信がついてきました。

14 功績をほめる
Praising Someone for an Achievement

友達としての温かいほめ言葉です。社会的に認められた功績を、友達として、比較的くだけた、会話的な表現でほめる言い回しです。本人はすでに社会から称賛を受けていますので、友達としては温かい言葉を相手にかけるだけでよいのです。

1 Congratulations!
おめでとう！

昇進したり、プロジェクトに選ばれたり、就職するなど、個人的な状況が変わった人に対して、「おめでとう！」と伝える表現です。

[参考] ▶ **Congratulations on getting the job.**　就職おめでとう。
　　　▶ **More power to you.**　頑張って。＊くだけた表現。
　　　▶ **It couldn't have happened to a better person.**　（この栄誉は）君にこそふさわしい。

2 You deserved the promotion.
君は昇進して当然だ。

とても自然な会話表現で、相手に「それは当然のことだよ」と伝える言い方です。昇進だけでなく、昇給やボーナス、褒賞などにも使えます。

[参考] ▶ **The promotion was long overdue.**　昇進は遅すぎたぐらいだ。
　　　▶ **I'm really glad you got the promotion.**　君が昇進してうれしいよ。

3 You must be on cloud nine.
天にも昇る心地でしょう。

大きな功績をあげた相手に、「よかったですね」と伝える表現です。be on cloud nine（有頂天になる）は、とても古いイディオムですが、いま

だに現役で使われています。

[参考] ▶ **You must be very proud of yourself.** 鼻が高いでしょう。
▶ **I'm sure you're very happy.** さぞうれしいでしょう。
▶ **The news must make you feel very glad.** それを聞いたときはさぞうれしかったでしょう。

4 I'm not surprised that you've become so successful.

君がここまで成功したのも不思議じゃない。

相手をずっと信頼していて、「そうなるのを期待していた」という会話的な言い方です。

[参考] ▶ **It's no surprise to me.** 驚かないよ。
▶ **It comes as no surprise.** ちっとも意外じゃないよ。
▶ **It didn't surprise me in the least.** 全然驚かなかったよ。

5 You'll go far in this world.

君はこの世界で大物になるぞ。

会話的な表現で、相手に、「これから先もっといろいろな功績をあげるだろう」と予言する言い方です。

[参考] ▶ **This is just the beginning I'm sure.** こんなのはほんの序の口さ。
▶ **The only way you can go from here is up.** 今後は上を目指すのみだね。

6 Your foresight was amazing.

大変な先見の明がありましたね。

相手の先見性に感服する、少し改まった表現です。

[参考] ▶ **You knew everything all along.** 君にはすべてお見通しだったんだね。

- ▶ **You were one step ahead of all of us.** 周囲のわれわれより一歩先を進んでいたんですね。
- ▶ **You made all the right decisions.** 君の決定はすべて正しかった。＊decisions は choices に代えられる。

7 I'm glad your work is finally being recognized.
仕事がようやく認められて何よりです。

今まで不遇だった相手が、ようやく日の目を見たときに使える表現です。「今までが不運だったので、認められて当然です」という気持ちを表します。

[参考]
- ▶ **I'm glad you're receiving recognition for your accomplishments.** 業績がやっと認められましたね。＊accomplishments は achievements に代えられる。
- ▶ **You deserve the recognition.** 認められて当然だよ。

8 This is another feather in your cap.
またりっぱな功績が増えたね。

会話でよく使われる表現です。

[参考]
- ▶ **This will look really good on your resume.** これは履歴書に書けますね。＊イギリス英語では resume は curriculum vitae (CV) とも言う。
- ▶ **This is a great honor for you.** すごい栄誉ですね。

9 We've been rooting for you all along.
みんなでずっと応援していたよ。

お祝いの言葉として使われる、くだけた表現です。

[参考]
- ▶ **We knew you could do it.** あなたならできるとわかっていた。

10 Cheers!
乾杯！

乾杯するときの定番表現です。

参考
- **Here's to you!**　君に乾杯！
- **A toast to you.**　君のために乾杯！
- **Let's drink to your continued achievements in international exchange.**　国際交流における君の変わらぬ功績に乾杯しよう。＊Let's drink to ... の後に、乾杯の理由を述べる。

会話例

A: Your promotion was long overdue. I know you haven't been getting enough recognition for all the hard work you've been doing. Now that's changed.

B: Well, it's not really such a big step forward. I'll be doing more or less the same thing. My job title changed, that's all.

A: Well, let's go out for a drink to celebrate sometime. I'll pay.

B: No, this time it's on me.

A: 待望の昇進だね。あれだけ働いている割に認められてないと思っていたんだが、やっと風向きが変わったな。

B: でも、そんなに大きく前進したわけでもないんだよ。今後も職務内容は変わらないし、肩書きは変わったけど、それだけだ。

A: そうかな。今度お祝いに飲みに行こう。おごるよ。

B: いや、次は僕がおごる番だよ。

15 最初の評価を修正してほめる
Praising by Showing a Change in Heart/Attitude

　目上の人から、目下の人への、間接的なほめ言葉です。ここで紹介するのは、あまりよくなかった最初の評価を、あとから、よいほうに修正するほめ言葉です。直接、それを認めるのではなく、「以前はこう思っていた」と言うことで、「今はいい印象を抱いている」ということを、間接的に相手に伝えます。この種の言い回しは、基本的にはトップダウン、つまり、目上の人が目下の人に使います。

1 I think I underestimated your talents.
君の才能を過小評価していたよ。

　上司が部下を「見直した」ということを伝える幾分改まった表現です。商売敵に使えば、「敵ながらあっぱれ」という気持ちを含みます。

> 参考 ▶ You're a much better programmer than I thought.
> 思っていたよりずっと優秀なプログラマーだね。

2 You're full of surprises.
君にはまったく驚かされるね。

　どちらかというと、くだけたシンプルな言い回しで、冗談っぽく使うことができます。full of surprises には、いい意味での驚きも、悪い意味での驚きもあるので、ポジティブな感情が伝わるように表現しましょう。

> 参考 ▶ You always seem to be surprising me.　君にはいつも驚かされているよ。
> ▶ You've really surprised us.　君にはみんなびっくりした。

3 Our opinion of you has really changed.
君に対するわれわれの意見はすごく変わったよ。

　一般的に会話で使える言い回しです。Our opinion が主語なので、話し手が、勤めている会社などを代表している感じが伝わります。

[参考] ▶ We've reevaluated your past work.　過去の仕事を再評価しました。＊やや改まった表現で、上司が部下に対して使う。

4 My first impression of you was mistaken.
君について抱いた第一印象は間違っていた。

　My first impression of you ...（私があなたに抱いた第一印象は…）は会話でよく使われる表現で、どちらかといえば会話的な言い回しです。

[参考] ▶ You didn't make much of an impression on me at first, but I was wrong.　最初は印象が薄いと思ったが、間違っていた。
　　　▶ I wasn't impressed with your work before, but now I am.　君の仕事に感銘を受けていなかったが、今は違う。＊nowとamの両方を強調するとよい。

5 I didn't realize before what you were trying to point out.
君が言おうとしていたことが今までわかっていなかった。

　会話でよく使う表現で、「こちら側」が過去に間違っていた、ということを示しています。

[参考] ▶ I didn't understand your motivations at the time.　あのときは君の動機が読めなかった。
　　　▶ We all misunderstood you.　われわれは皆、君を誤解していた。＊同僚同士でも使える。

6 I see now that you were right from the beginning.
初めから君が正しかったことがやっとわかったよ。

　会話で使える、普通の言い回しで、「こちらが間違っていた」と自分の非を認めて、相手に伝える表現です。

[参考] ▶ You were right; we were wrong.　そちらが正しく、こち

▶ We were the ones who were wrong.　間違っているのはこちらのほうだった。

7 Now I understand.
ようやくわかりました。

シンプルで使用頻度の高い表現です。now は「新たに、大変なことに気づいた」というニュアンスを出すために、長く伸ばして強調します。

参考　▶ Now I see your point.　論点がのみこめた。
　　　▶ I finally understand now what you were saying.　ようやくあなたが何を言わんとしていたのかわかった。＊finally と now の両方がある場合は、finally を強調。

8 We've had a change of heart in the matter.
その件では、われわれは考えを改めました。

「自分の考えを改めて、そちらに同意する」ということを伝える表現です。change of heart というフレーズで、幾分改まった口調になりますが、change of mind を使えば、会話的な言い方になります。

参考　▶ We've changed our minds in regard to the matter.　その件については意見を変えました。＊in regard to を about にすると、もっとくだけた表現になる。
　　　▶ We've come to see matters in a new way.　その件については、違った見方をするようになりました。

9 Our attitude has completely changed.
こちらの受け止め方は180度変わりました。

8と同じような意味を表しますが、もっとくだけた、会話的な表現です。completely は、entirely（すっかり）や drastically（根本から）に代えることもできます。

参考 ▶ **We've taken a new perspective.** 新しい見方をするようになりました。

▶ **We look at things differently now.** 今では違う目で見ています。

10 We've decided to give you a fresh start.
新規巻き直しでやってもらうことにしました。

この種の表現は会話でよく使われますが、くだけた感じではありません。上司が部下に「今までのことは仕方ないので、やり直そう」と伝える言い方です。a fresh start は、何か新しいことを最初からやることで、second chance は、前にやっていたことを続けるという意味です。

参考 ▶ **We'll give you a second chance.** もう一度トライしてください。

会話例

A: Our opinion of you has changed. At first we thought you were young and inexperienced.
B: Well, that's true, isn't it?
A: But you're doing fine work. We're really impressed.
B: I'm glad you think so. I'm just trying to do the best I can.

A: 君を見る目が変わったよ。最初は若くて未熟に見えたけれどね。
B: でも、その通りですから。
A: だが、いい仕事をしているじゃないか。本当に感心している。
B: そう思っていただけて何よりです。ただ一生懸命やっているだけなんですが。

16 お世話になった人に感謝する
Praising a Person You've Imposed On

目下の人が、目上の人に使う言葉です。「感謝の言葉」も、ほめ言葉の一種です。相手に感謝をするということは、相手を敬っている、ということであり、相手を敬うということは、相手をほめているということにつながるからです。ここでは、ビジネスの場でよく使う、相手の力添えに対する感謝や、骨折りに対する感謝など、相手を立てる表現を紹介します。

1 Thank you for your time.
お時間をいただき、ありがとうございました。

相手の時間を使ったことに対する、礼儀正しい感謝の表現です。特に改まった言い方ではないので、気持ちを込めて言うことが大切です。このあとに、I really appreciate it. をつなげると、さらに丁寧になります。

[参考] ▶ **Thank you for taking time out of your busy schedule.**
ご多忙のところ、お時間を割いていただきありがとうございました。

▶ **I really appreciate your taking so much time for me.**
お時間を割いていただきまして、本当にありがとうございます。

2 I know I've taken too much of your time.
ずいぶんお時間をいただいてしまいました。

1と同じく、時間についての感謝の表現ですが、より間接的な言い回しになっています。よく使われる、シンプルな表現です。

[参考] ▶ **I know you're busy.** ご多忙なのは承知しています。＊目上の人以外にも使える表現。

▶ **I know that there are many other people you must meet with today.** きょうはほかにもお会いになる方が大勢いるのでしょう。

▶ **I hate having taken so much of your time.** 長くなりま

して申し訳ありません。
▶ **I didn't really want to take so much of your time.**　そんなつもりはなかったのに、思わず長くなってしまいました。

3 I wish to thank you for all you've done to help me.

お力添えをいただきましてありがとうございます。

どちらかというと改まった表現です。長めのフレーズを使うことで、より丁寧になります。相手の力添えに感謝する言い方です。

[参考] ▶ **Thank you for everything.**　いろいろありがとうございました。

4 I've been a bother to you, I know.

いや、ご面倒をおかけしました。

気のおけない相手にしか使わない言い回しで、本当に相手に迷惑をかけた場面でのみ使います。ビジネスではほとんど使われません。日本語の謙遜する表現とはまったく使い方が違うので、注意が必要です。

[参考] ▶ **I've caused you a lot of trouble.**　いろいろお手数をおかけしました。

5 You went out of your way to help me.

いろいろご面倒をおかけしました。

よく使われる言い回しで、相手に「私を助けてくださるために、いろいろとご尽力いただきまして、ありがとうございました」と伝える表現です。go out of one's way は「普通の道筋からそれてわざわざ…する」という意味のイディオムです。

[参考] ▶ **You went to a lot of trouble to help me.**　いろいろお骨折りいただきました。＊a lot of を much、great、considerable などに代えてもよい。

▶ You put yourself out.　わざわざすみませんでした。

6 I'm sorry I've had to impose on you.
ご好意に甘えてしまって申し訳ありません。

「あなたのご好意に甘えさせていただきます」と、相手に伝える表現です。impose（つけこむ）を使っているため、どちらかというと、改まった言い回しになっています。

[参考] ▶ I'm sorry I've put you in such a difficult situation.　こんな厄介な状況に引き込んですみません。＊やや遠回しな言い方。
　　　▶ I'm sorry I caught you at such a bad time.　タイミングが悪くてすみません。＊相手の都合があまりよくない場合に使う。
　　　▶ I'm sorry I've had to ask this of you.　こんなお願いをしてすみません。

7 You've done me a great favor.
たいへんお世話になりました。

相手の助力に感謝する、どちらかというと改まった表現です。

[参考] ▶ You've helped me immensely.　非常に助かりました。
　　　▶ You really have saved me.　本当に救われました。＊くだけた表現。

8 I'll never be able to repay you.
到底お返しができません。

7をもっと誇張した表現です。相手に感謝しているだけでなく、「恩義を感じている」ということを伝える、強いお礼の言い方です。

[参考] ▶ I really owe you one.　恩に着るよ。＊ちょっとした頼み事を聞いてもらったときに使う。

16 お世話になった人に感謝する

9 You're one of my few real friends in the world.
真の友は数少ないが、君はその一人だ。

友人やお世話になった人に、心の底から「ありがとう」と伝える表現です。ある程度親しい間柄で対等の人に使う、うちとけた表現です。

[参考] ▶ **You've been such a good friend to me.** 君とはずっといい友達だ。

10 I'll never forget all you've done for me.
ご親切は決して忘れません。

誇張された感謝の表現です。

[参考] ▶ **I'll always remember what you've done for me.** ご親切は心に刻んでおきます。
▶ **I'll never forget in a million years.** 100万年たっても忘れませんよ。＊気軽な表現。

会話例

A: I wish to thank you for all you've done to help me.
B: No thanks are necessary. Our business relations have been to our mutual benefit.
A: But still I think you've done me a great favor.
B: Thank you for saying that. But I'm sure you'll have the chance to return the favor in the future.

A: いろいろ助けていただき、お礼を申し上げます。
B: いやお礼なんて。この関係でお互い利益を上げているのです。
A: それでも、たいへんお世話になりました。
B: そんなふうに言っていただいて、ありがとうございます。でも、将来はこちらのほうが逆にお世話になると思います。

17 相手の専門技術や知識をほめる
Complimenting a Person on Their Expertise or Knowledge

外部の人材の専門技術をほめる表現です。大きなプロジェクトでは、社内の人間だけでなく、外部の人材を投入することがあります。そういった人たちは、当然、専門知識や技術を買われているわけですから、その部分をほめることで、相手のよいところを認め、感謝していることを伝えます。もちろん、社内の人間に対しても使えます。

1 You have detailed knowledge of this.
この件について詳しい知識をお持ちですね。

相手の知識をほめる言い方です。knowledge を使っているので、少し改まった表現になっています。detailed 以外にも、extensive（広範囲な）、wide（広い）、deep（深い）、up-to-date（最新の）、practical（実用的な）、valuable（貴重な）などが使えます。

参考
▶ Your knowledge is very profound. 　知識が深いですね。
▶ You have an amazing knowledge of the matter. 　この問題について驚くべき知識をお持ちですね。

2 You have a very good grasp of the situation.
状況をよく理解していますね。

相手の理解力、状況判断力をほめる表現です。

参考
▶ I don't have your same grasp of the situation. 　私はあなたほどよく状況を把握していません。
▶ You understand the situation very well. 　あなたは状況をとてもよく理解していますね。

17 相手の専門技術や知識をほめる

3 I know you're an expert in this field.
あなたがこの分野の専門家なのは知っています。

専門分野の能力を認め、絆を深める表現です。field を area に代えると、少し会話的になります。expert を authority にすると、改まった表現になります。

参考 ▶ Your expert opinion is needed. 専門家としてのご意見を拝聴したい。
▶ We want to hear your expert advice. 専門家としてのアドバイスをうかがいたい。

4 I don't understand the matter as well as you do.
私はあなたほどよく問題を理解していません。

ほめる側も相当の知識を持っているときに使う、レベルの高いほめ言葉です。

参考 ▶ You know more than I do about this. この件についてはあなたのほうがよくご存じだ。
▶ I trust your judgment on this. これについてはあなたの判断を信頼します。

5 We appreciate your technical assistance.
技術指導をありがとうございました。

technical assistance（技術指導、技術支援）は、コンサルタントや政府の専門家が行うものです。この表現は、そうした正式なサービスに対する改まった感謝の言葉です。

参考 ▶ Your technical assistance has been very helpful. 技術指導がとても役立ちました。

6 Your long experience in this will be of great help to us.

あなたの長年の経験は弊社にとってたいへん有益なものとなるでしょう。

どちらかというと改まった言い回しで、「あなたの経験がとても役に立つ」と相手に伝えるほめ言葉です。

参考 ▶ **We need your experience.** 弊社にはあなたの経験が必要です。

▶ **I'm glad we have someone of your experience with us.** あなたのような経験者がいてくれてありがたいですよ。

7 You've been with us from the start, so you know.

スタート当初からの付き合いなので、いろいろご存じですよね。

相手の経験の長さをほめる、会話でよく使われる表現です。長く経験している、ということは、その業務に精通している、ということです。

参考 ▶ **You know all the ins and outs of this matter.** この件については知り尽くしておられますね。

8 All your advice has been correct.

あなたのアドバイスはすべて正しかった。

今までの経験から、「あなたの助言を信頼している」と伝える表現です。advice はいろいろな状況で使えます。

参考 ▶ **Your predictions are generally on the money.** あなたの予測はたいていピタリと当たります。＊prediction（予測）はビジネス界では特別な重みを持つ言葉。

▶ **We trust your advice.** あなたの助言を信頼しています。

17 相手の専門技術や知識をほめる

9 As ever you've gone to the heart of the matter.
相変わらず核心を突いてきましたね。

相手が専門家の立場から問題点を指摘した場合に使う、幾分改まった言い回しです。相手の専門知識や態度をほめるときに使われます。

[参考] ▶ You put the matter very well.　よく言ってくれました。
　　　▶ You've brought up the most important issue.　最も重要な問題を取り上げてくれましたね。

10 We really value your input on this project.
プロジェクトについてのあなたの意見はたいへん貴重です。

専門家としての助言を評価する、幾分改まったほめ言葉です。

[参考] ▶ Your cooperation has been essential to this project.　このプロジェクトにあなたの協力は欠かせないものでした。
　　　▶ You've helped us to avoid many difficulties.　おかげでいろいろな問題を回避できました。

会話例

A: We're really impressed with your knowledge of this matter. You have a good grasp of all the relevant issues.
B: I've been following the situation for a long time.
A: Yes, it shows. We really value your input on this project.
B: Well, I'm just trying to do my job. I hope I can be of some help.

A: この件について、あなたの知識には感服しました。関連する問題をすべてよく把握しておられますね。
B: 長年研究してきましたのでね。
A: いや、わかりますよ。プロジェクトについてのご意見は実に貴重です。
B: まあ、それが自分の仕事ですから。お役に立てればいいんですが。

18 日本に関する知識をほめる
Complimenting Someone on Their Knowledge of Japan

　日本についての知識をほめる表現です。ビジネスで海外出張をしたり、来日した外国人をもてなす機会もあるでしょう。そんなとき、欠かせないのは small talk（世間話）です。日本の風物を話題にするのも、場を和ませるいい方法でしょう。うまくほめれば、会話が弾みます。ただし、相手があまり日本に詳しくないのに、「よくご存じですね」などと持ち上げては、相手をシラケさせてしまいます。ほめることは必要ですが、あまりオーバーにならないようにしましょう。

1 You know so much about Japan.
ずいぶん日本のことをご存じですね。

　相手が本当に、日本について広い知識を持っている場合に使うほめ言葉です。日本のことをあまり知らない人に使うと、見え透いたお世辞になるので、注意してください。

[参考] ▶ Your knowledge of Japan is very detailed.　日本のことにずいぶん詳しいですね。

▶ I'm glad you're interested in Japanese culture.　日本文化に興味を持っていただいてうれしいですね。＊いちばん無難な表現。

2 I'm surprised by how much you know about Japan.
あなたが日本のことをよく知っているのでびっくりしました。

　会話でよく使う言い回しです。「日本に興味を持ってくださって、うれしいです」と相手に伝える、率直で控えめな表現です。

[参考] ▶ I'm impressed with your knowledge of Japan.　あなたの日本の知識に関心しました。

▶ I'm so glad that you have such a deep interest in

things Japanese.　日本の風物に深い興味を持ってもらえてうれしいです。

3 Your Japanese is very good.
日本語がとても上手ですね。

　この種の言い回しは、かなり強いほめ言葉なので、カタコトで話せる程度のレベルの人に対しては使いません。

[参考] ▶ I'm surprised that you can read and write Japanese.
　　　日本語が読み書きできるなんて驚きました。

　　　▶ I'm glad you're trying to learn the Japanese language.
　　　日本語を勉強しているんですね。＊やや控えめで、一般的に使える。

4 Where did you learn how to use chopsticks so well?
おはしの使い方がすごくうまいですが、どこで覚えたんですか。

　「おはしが使えるくらいでオーバーにほめられるなんて…」と違和感を持つ外国人も多いので、薄っぺらなお世辞にならないよう気をつけて使いましょう。

[参考] ▶ I didn't know you could sing karaoke songs in Japanese.　カラオケで日本の歌が歌えるなんて知らなかった。

5 You must have studied about Japan for a long time.
日本について長い間研究してこられたのですね。

　「かなりの日本通ですね」という意味合いを含んだ、会話的な表現です。

[参考] ▶ I'm sure this is not your first visit to Japan.　日本にいらしたのは初めてではないでしょう。＊少しだけ詳しい人に使う。

6 It's unusual for a foreigner to take such an interest in Japanese Buddhism.

外国の方が日本の仏教についてこんなに興味を持つなんて、珍しいですね。

的を絞ったほめ言葉です。やや改まった感じの表現で、仏教や茶道、神道などに本当に興味を持っている相手にしか使えません。

[参考] ▶ **You're interested in Japanese Buddhism? That's unusual for a foreigner.** 日本の仏教に興味があるんですか。外国の人にしては珍しいですね。＊ひとつひとつの文を短くすると、もっと会話的な言い方になる。

▶ **Few foreigners study Japanese tea ceremony.** 日本の茶道を習っている外国の方は少ないですよ。

7 When did you first become interested in Japan?

最初に日本に興味を持たれたのはいつですか。

親しみを込めて、相手に興味を示す表現です。会話でよく使う、とても役に立つ言い回しです。

[参考] ▶ **How long have you had an interest in Japan?** いつから日本に興味をお持ちになったんですか。

8 Have you experienced many problems while living in Japan?

日本に住んで、いろいろ問題がありましたか。

日本に住んでいる外国人に、「日本の生活に慣れましたか」と尋ねることで、相手への興味や思いやりを示す表現です。

[参考] ▶ **Have you been able to adjust to living in Japan?** 日本の生活にうまく溶け込めましたか。

▶ **Is it easy for you to live in Japan?** 日本は暮らしやすいですか。

9 Are you planning on visiting Japan?
日本に来られる予定はありますか。

海外出張先で、日本に来たことのない人に向けた質問です。「いつか日本に来てください」と相手に伝える表現です。

[参考] ▶ Would you like to visit Japan someday?　いつか日本に行きたいと思いますか。
　　　▶ You really have to visit Japan someday.　いつか本当に日本に来てください。

10 You must have been Japanese in a past life.
あなたは前世で日本人だったに違いない。

いろいろ勉強して日本通になった外国人に言う、ユーモラスな表現です。

[参考] ▶ You're turning Japanese.　日本人になりかけていますね。

会話例

A: Your Japanese seems fairly good. Have you been studying it for a long time?
B: Actually only about two years. It's a difficult language though.
A: It's good you're making progress. If you need any help with your Japanese, please ask.
B: Thank you. There are a lot of things I don't really understand well.

A: なかなか日本語が上手ですね。長いこと勉強しているんですか。
B: 実は、ほんの2年ぐらいなんです。でも、難しい言葉ですね。
A: 上達しているのはいいことですね。日本語で何かお役に立てることがあったら、どうぞ言ってください。
B: ありがとう。わからないことがたくさんあるんですよ。

19 相手の国についてほめる
Complimenting Someone on the Things in Their Country

　人間関係をスムーズにするほめ言葉です。国民性や国をほめる表現を紹介します。どれもシンプルで使いやすいものです。ジェスチャーや口調に気を配って、心から言っている、ということを伝えましょう。「もう一度、その国に行きたいですね」というのは、最高のほめ言葉です。人間性や食べ物についても、よいトピックです。その場を和ませ、人間関係を円滑にすることができます。ただし、政治や宗教は、避けたほうがいい話題です。

1 Everyone in your country has been so kind.
この国では、みなさん、とても親切です。

　会話でよく使う表現です。気持ちを込めるには so を長く伸ばします。

[参考] ▶ I have met so many nice people.　いい人に大勢巡り会いました。
　　　 ▶ Everyone has been so understanding.　とても思いやりのある人ばかりですね。

2 The people seem so warm.
心の温かい人ばかりみたいですね。

　1と同じような表現ですが、「歓迎してくれて、とてもうれしかった」とその国のいい印象を伝えています。

[参考] ▶ Everyone has given me a warm welcome.　みなさんに歓待されています。
　　　 ▶ People have welcomed me.　歓待を受けました。

3 I feel very safe here.
とても安全だと感じます。

　犯罪が起きるような場所では、safe であるということが、ほめ言葉に

19 相手の国についてほめる

なります。この種の表現は会話でよく使われますが、オーバーに言うとそらぞらしく響きます。

参考 ▶ **I feel comfortable.** くつろげます。
　　 ▶ **I feel that everyone cares for me.** みなさんの心遣いを感じます。

4 I've had no problems with anyone here.
だれに対しても問題はありません。

「万事 OK だ」という表現です。

参考 ▶ **I have no complaints.** 文句なしです。
　　 ▶ **Everything is fine.** すべてうまく行っています。

5 All the people I've met have been very polite.
これまでお会いしたのは礼儀正しい方ばかりでした。

　人間性や国民性をほめる、幾分改まった言い回しです。polite（礼儀正しい）は considerate（思いやりのある）、または well-mannered（礼儀正しい）と言い換えることもできます。

参考 ▶ **Everyone I've met is good people.** お会いしたのはいい方ばかりです。
　　 ▶ **I meet new friends every day.** 日々新しい友達ができます。

6 Your country is so modern.
あなたの国は現代的ですね。

　相手の国をほめる、幾分改まった表現です。modern（現代的）のほか、advanced（進んだ）、rich in natural resources（天然資源が豊富な）や diverse（多様性のある）などが使えます。

参考 ▶ **Our countries have a lot in common.** あなたの国と私の国には共通点がたくさんあります。
　　 ▶ **There's a lot I can learn from your country.** あなたの

国から学ぶことがいろいろあります。

7 I'm impressed with your public transportation system.
あなたの国の公共交通システムには感心しました。

シンプルで、応用の利く言い回しです。

[参考] ▶ The architecture of your buildings is impressive. ここの建物の建築技術は見事です。

▶ There are so many historical sites in your country. あなたの国には史跡がたくさんありますね。

8 Your governmental system is very progressive.
あなたの国の政府はとても進歩的ですね。

相手の国の政治システムにふれた、改まったほめ言葉です。政治は、あまり親しくない人と話すには、ハードルの高い話題です。具体的な話は避けたほうが無難です。

[参考] ▶ I admire your system of politics. 政治システムが素晴らしいですね。

▶ Your government has dealt successfully with many difficult issues. お国の政府はさまざまな難問をうまく切り抜けてきましたね。

9 I like the food here.
こちらの料理が気に入りました。

料理をほめる、シンプルな会話表現です。like を love に置き換えると、もっと強い気持ちを込めることができます。

[参考] ▶ I think the food here is some of the best in the world. ここの料理は世界でも指折りだと思いますね。

▶ There are lots of nice restaurants. いいレストランがた

くさんあります。

10 I'd like to come here again for a visit in the future.
またいつか戻ってきたいと思っています。

またこの国に来たい、と言うことで、「この国が大好きです」と相手に伝える、少し丁寧なほめ言葉です。

参考 ▶ **I hope I can visit your country again in the future.** またいつかあなたの国に来ることができますように。

▶ **I really want to come back here someday.** 本当にいつか戻ってきたいですね。

会話例

A: Everyone in your country has been so kind to me.
B: That's good to hear.
A: I've been having a wonderful time. And I've made so many friends, too.
B: I'm glad you're enjoying your stay here.

A: あなたの国はいい人ばかりですね。
B: それはよかった。
A: 素敵な時間を過ごしています。友達も大勢できましたし。
B: 滞在を楽しんでおられるようで何よりです。

20 チャンスをつかめと励ます
Encouraging Someone to Take an Opportunity

友人や同僚に使う、励ましの言葉です。チャンスを前に、悩んでいる友人や同僚の背中を押す表現です。You can request a transfer.（異動願いを出してみたら）のように具体的なものから、Go for it.（当たって砕けろ）のように一般的なものまで、いろいろなバリエーションがあります。相手の不安や緊張をほぐすことが目的ですから、言い方にこだわる必要はありません。それよりも、うんと強く背中を押してあげることが大切です。

1 I think you should apply for the job.
その仕事に応募すべきだと思うな。

I think you should ...（君は…すべきだと思う）は、提案をするときによく使われる、会話的な表現です。

[参考] ▶ This is your chance.　君にとってのチャンスだよ。
　　　 ▶ It's a good opportunity for you.　君にとっていいチャンスですよ。

2 You can ask for a promotion.
昇進を願い出ることもできるよ。

現状に不満がある相手への、具体的なアドバイスです。

[参考] ▶ You can make a request for a raise.　昇給を求めることもできるよ。
　　　 ▶ You can request a transfer.　異動願いを出すこともできる。

3 I'd take the job, if I were you.
自分ならその仕事を取るけど。

会話でよく使われる言い回しで、相手に「そのチャンスを生かすべきだ」と伝える表現です。

20 チャンスをつかめと励ます

参考 ▶ **Have you ever thought of looking for a different job?** 転職を考えたことはありますか。
▶ **It's a once in a lifetime opportunity.** 一生に一度のチャンスだ。
▶ **You should jump at the chance.** そのチャンスに飛びつくべきだ。＊口語表現。

4 Go for it.
イチかバチかやってみろよ。

「とにかくやってみろ」と、親しい相手の背中を押す、かなり強い表現です。この種の言い回しは、どちらかというと、直接的でくだけた感じになります。

参考 ▶ **Just do it.** つべこべ言わずにやれよ。
▶ **Give it a shot.** やってみろよ。
▶ **Give it a try.** やってみろよ。
▶ **Do it.** やるんだ。

5 You have nothing to lose.
ダメモトだよ。

断られることが恐くて人に何かを頼めない相手を励ます会話的な表現です。「うまく行けば儲けものだし、だめだったらほかを当たればいいだけだよ」という意味合いが含まれています。

参考 ▶ **It can't hurt to ask.** 聞くのはタダだからね。
▶ **It's worth a try.** やるだけの価値はあるよ。
▶ **All they can do is say no.** 悪く行っても断られるだけさ。

6 I think the odds are in your favor.
勝ち目はあると思う。

物事が相手にとっていいほうに動いている、という会話的な励ましの言

葉です。

参考 ▶ **Your chances are good.** いけそうだね。
　　　▶ **Things are going in your direction.** いい風が吹いているよ。

7 It might be a good idea to say yes.
イエスと言うのもいいかもしれないね。

「どうしたらいいだろう」という相手の相談に対して、ソフトに背中を押してあげる、幾分丁寧な表現です。

参考 ▶ **You should say yes.** 承諾すべきだね。
　　　▶ **You should accept the offer.** そのオファーは受けるべきだ。
　　　▶ **Go with it.** 流れに逆らうなよ。＊くだけた表現。

8 Why don't you ask them?
聞いてみたらいいじゃないか。

Why don't you ...? は、提案をしたり何かをするようにだれかを励ます会話的な言い方です。「きっと、いいようになる」という意味合いを含んでいます。

参考 ▶ **They'll understand.** わかってくれるよ。
　　　▶ **They'll say yes.** うんと言ってくれるさ。

9 Good luck on this project!
プロジェクトがうまく行きますように！

幸運を祈って相手を励ます、シンプルで使える表現です。

参考 ▶ **You'll succeed.** 君は成功するよ。
　　　▶ **You can do it.** 君ならできる。

10 Maybe you should talk to your boss.
上司と話し合うべきかもしれないね。

Maybe you should ...（…するかもしれない）は、やや遠慮がちにアドバイスする言い方です。

参考
▶ **See what people think.**　ほかの人がどう思うか見てみたら。
▶ **It's worth another try.**　もう一度やってみる価値はあるよ。
　＊挫折などの後で。
▶ **You can still do it.**　まだできるよ。＊挫折などの後で。

会話例

A: You've worked here for a long time. And now you have a family too. You should ask for a raise.
B: What's the point though? They'd just say no.
A: Well, it can't hurt to ask. Who knows? Maybe they'll even say yes.
B: I guess I could try and see what happens.

A: 君、勤めてもうずいぶんになるよね。家族もいるし。昇給を願い出るべきだよ。
B: そんなことをして何になるんだい？　断られるのがオチだよ。
A: でも、聞くのはタダだろう。どう転ぶかわからないよ。案外、OK だったりして。
B: やってどうなるか、当たってみてもいいかな。

21 将来の可能性について励ます
Encouraging Someone about Their Future Prospects

　将来の可能性を励ます言葉です。人生にはいろいろな転機があります。迷いや不安を感じている相手の緊張や不安を取り除くように、「あなたの前途は洋々ですよ」と励ましましょう。ポイントは3つ。相手の成功を信じているということ、無限の可能性があるということ、とにかく前向きになるように励ますこと、です。この種の表現は、仕事と切り離すことはできないので、かなりビジネス色の強いものになりますが、あまり改まった形ではなく、親しみを込めたものになるのが特徴です。

1 You have a bright future.
君には明るい未来がある。

　将来の明るい可能性を表すのに、よく使われる言い回しです。スタート地点にいる若い人に、年長者が使う表現です。

参考
- ▶ **Your future is very promising.** 　君の前途は有望だ。
- ▶ **Your future awaits you.** 　未来があなたを待っています。＊スピーチで使う表現で、会話で使うことはない。

2 I'm sure you'll succeed in what you do.
君は何をやっても成功するだろう。

　1と同じように、年長者とか先輩が若い人にかける言葉です。具体的にどの分野で成功するかを付け加える場合は、in を使って表すことができます。

参考
- ▶ **I know that you'll be successful in this project.** 　このプロジェクトで、君はきっと成功するよ。
- ▶ **I know you'll be very successful.** 　君は必ず大成功するよ。
- ▶ **You have what it takes to succeed.** 　君には成功する素質がある。

3 I'm confident that you'll get the job.
その仕事に就けると確信していますよ。

I'm confident (that) ...（…と確信している）は、どちらかというと改まった表現です。「きっと大丈夫だよ」と、相手に自信を与えます。

[参考] ▶ I'm certain they'll ask you for an interview.　面接に来てほしいと言われるに決まっていますよ。
　　　 ▶ Of course, they'll give you a raise.　もちろん、昇給できますよ。

4 You can do anything.
君ならどんなことでもできる。

会話でよく使われる言い回しです。

[参考] ▶ A person like you can achieve anything.　君のような人なら何でも成しとげられる。
　　　 ▶ Your whole life is ahead of you.　前途洋々だ。＊若い人に向かって使う。

5 You're going to make it big.
君は大物になるよ。

会話でよく使う、どちらかというとくだけた表現です。

[参考] ▶ You'll make a lot of money.　一財産作れるよ。
　　　 ▶ You're going to be famous.　有名になるぞ。

6 It just takes a little hard work.
ほんの少し頑張るだけでいいんだよ。

「将来のために今は少し頑張ろう」と相手を励ます会話表現です。

[参考] ▶ You just have to keep at it.　コツコツやっていれば大丈夫さ。

▶ You're already making very good progress so just keep it up.　もうかなりいい線いっているから、そのまま頑張れ。

7 Be patient; I'm sure your situation will improve.
辛抱しろ、状況はきっとよくなるさ。

「行く手をさえぎるものがあるけれど、ここは我慢のしどころだ」という意味合いがあります。「時間がたてば状況はよくなるよ」と励ます表現です。

[参考] ▶ In time things will get better.　そのうち状況は好転するよ。
▶ Just give things a little more time.　少し時間をおいてみろ。

8 Never look back.
決して後ろを振り返るな。

会話でよく使われる言い回しです。「過去のことはともかく、前を向いて行こう」と、相手に伝える表現です。

[参考] ▶ Just keep moving forward.　前進あるのみだよ。
▶ Keep doing what you're doing.　今の調子で続けてくれ。

9 Always have a positive attitude.
常に前向きな態度で行け。

周囲からいろいろ言われて、自信を失いかけているような相手を励ます、会話的な表現です。

[参考] ▶ Don't worry about what other people think.　人の思惑なんか気にするな。
▶ Just believe in yourself.　ひたすら自分を信じろ。
▶ Be confident.　自信を持てよ。

▶ **Just be yourself.** 自然体で行けよ。

10 Never forget that we're all behind you.
みんながついていることを忘れないで。

ただ相手を励ますだけでなく、味方がいることを伝えています。落ち込んでいる相手が、心強く思える表現です。

参考 ▶ **I'm rooting for you.** 応援しているよ。

▶ **You have some important people looking after you.**
偉い人が君のバックについているんだ。＊look after は take care of に代えてもよい。

会話例

A: I'm sure you'll be very successful. You have many talents, so you can achieve anything you want.
B: Well, I hope you're right. But today's business world is very competitive.
A: You just have to set your mind to things, and work hard.
B: That sounds like a good approach. I guess I have to think positive, too.
A: 君はきっと大成功するよ。いろいろな才能があるから、やりたいことは何でもできるさ。
B: そうだといいんですが。でも、今は業界も競争が厳しいですからね。
A: 目標を絞って頑張ればいいんだ。それだけさ。
B: それはいいアプローチですね。考え方も前向きにしたほうがいいですね。

22 「頑張れ」と励ます
Encouraging Someone to Try Hard

　人間関係をスムーズにするための励ましです。「頑張れ」にもいろいろなニュアンスがあり、場面や立場などを思いやって使わないと、違和感がある場合もあります。特に、上司と部下の関係では注意が必要です。上司は「頑張れ」と励ましたつもりでも、部下は「しっかり働いていないと思われたのかな」と感じてしまうかもしれません。励まされるということは、自分が認められている、と感じることです。親しい間柄であれば、「もっと頑張れ」と直球でもいいのですが、そうでない場合は、少し改まった言い方をしたり、相手の長所を認めた上で、どう頑張ればいいのか具体的に説明する必要があります。

1 Keep at it.
あきらめずに続けて。

　「今やっていることを、放り出さずに頑張って続けてください」という意味合いの会話表現です。

参考
- ▶ **Keep trying.** 　続けて頑張って。
- ▶ **Keep on it.** 　それを続けてください。
- ▶ **Do your best.** 　ベストを尽くせ。

2 Hang in there.
頑張って。

　問題があっても、厄介な状況であっても、「くじけずに粘って」という意味の表現です。どちらかというと、くだけた言い方です。

参考
- ▶ **Stick to it.** 　あきらめないで。
- ▶ **Don't give up.** 　途中で投げ出すな。
- ▶ **Don't lose hope.** 　望みを失わないで。

3 There's always a way.
何かしら道はあるものだ。

いろいろな状況で使える便利な表現です。問題に直面している相手を、「何か打開策があるよ」と励まします。

参考
- You can find a way.　道はあるよ。
- You'll find some way to manage.　何とか方法が見つかりますよ。

4 I know you'll be able to do a good job.
あなたがいい仕事をするのはわかっていますよ。

「信頼していますよ」と相手に伝えることにより、仕事にいっそう励んでもらうようにする表現です。

参考
- We're counting on you to do a good job.　あなたならいい仕事をしてくれるものと当てにしています。＊結果を出すことが重要だ、という表現。
- You really have to do a good job on this.　この件では本当にいい仕事をしてくださいよ。＊上と同様、結果を出すことが重要だ、という表現。

5 You can do better than this, so, hey, just loosen up.
君はもっとうまくやれる。だから、おい、少し肩の力を抜けよ。

仕事で余裕がなくなっている相手に、「力はあるんだから、気楽にやればもっとうまく行く」と伝える表現です。

参考
- I know you have it in you.　君に能力があるのはわかっているよ。
- I know you can do better work than this.　これよりうまくできるのはわかっている。

6 You just have to try a little harder.
あとちょっとだけ頑張って。

「もう少し頑張ってください」と励ます言い方です。ただ、この種の表現は、すでに頑張っている人に対して使われるので、「もう少しで終わりますから、頑張って」というニュアンスが伝わるような言い方をするように注意しましょう。

参考 ▶ I want to encourage you to try to work harder.　あなたにはもっと頑張ってほしい。＊やや改まった表現。

7 Focus!
気持ちを集中して！

仕事に集中できない人に、「とにかく目の前の仕事を片付けるように頑張れ」と励ます、くだけた表現です。

参考 ▶ **Concentrate!**　打ち込んで！
　　　▶ **Put your mind to it.**　一心にやってください！
　　　▶ **You should concentrate on important matters.**　大事な問題に集中するべきだ。

8 For you, it'll be easy.
君なら簡単だよ。

会話でよく使う励ましの言葉です。相手の能力なら、「絶対にうまく行くはずだ」と伝える表現です。

参考 ▶ **This will be a piece of cake for you.**　君なら朝飯前だ。
　　　▶ **It should be really simple for you to do it.**　君にとっては簡単にできることだ。

22 「頑張れ」と励ます

9 You'll come out of this fine.
うまく切り抜けられるさ。

何があっても相手がうまく処理することができる、と話し手が確信していることを示す表現です。会話でよく使われます。

参考 ▶ You're not going to have any problems.　問題は起きないだろう。
　　　▶ I'm sure you'll make a good impression.　君は間違いなくいい印象を与えるよ。

10 It's not over till it's over.
最後までわからないものだよ。

何か問題が起こった相手を励ます会話表現です。「挽回のチャンスがある」という意味合いが含まれています。

参考 ▶ It's only a minor setback.　こんなのは小さな失敗だ。
　　　▶ You still have time.　まだ時間がある。
　　　▶ You still have a chance.　まだチャンスがある。

会話例

A: How's your progress?
B: To tell the truth, this assignment is a very difficult one for me.
A: Well, do your best. If you put your mind to it, I'm sure you can do it.
B: That gives me a little more confidence.

A: 進捗状況はどう？
B: 正直、手に余る仕事を引き受けてしまったよ。
A: 体当たりでやれよ。集中して頑張れば絶対できるって。
B: そう言われて少し自信が出てきたよ。

23 失敗をして落ち込んでいる人を励ます
Encouraging Someone Who Has Made a Mistake

　失敗の深刻さをわかってもらいながら、同じ失敗をしないように励ます言い方です。失敗をするのは当たり前のこと。「大したことじゃないよ」とサラリと励ましましょう。ただし、同じ失敗は二度としないように、しっかりと肝に銘じてもらうよう、その事実を確認してから、水に流すようにします。内容が内容ですから、あまりくだけた表現は使いません。見過ごせないような失敗であれば、改まった表現が使われることになります。大きな失敗をしても、相手が自分の失敗を反省している点を認めるなど、何かしら励ます言葉は必要です。

1 You made a mistake, but that's OK.
君はミスをしたけれど大丈夫だ。

　小さなミスをした相手を励ます、会話でよく使う表現です。どちらかというとくだけた言い回しです。OK を all right に代えてもよいでしょう。

[参考] ▶ Don't worry about it.　心配しないで。
　　　 ▶ Don't let it get to you.　悩まないで。
　　　 ▶ You'll soon get over it.　すぐに乗り越えられるよ。

2 It's no big deal.
大したことじゃない。

　失敗にこだわる相手に、「過去の失敗にこだわらず前進しよう」と伝える、ややくだけた表現です。

[参考] ▶ It's not a big matter.　大きな問題じゃないよ。
　　　 ▶ You should just forget about it.　忘れてしまえよ。

3 I'm sure you'll do better next time.
次は絶対もっとうまくやれるよ。

　会話でよく使われる表現です。「次から頑張ろう」と相手を励まします。

23 失敗をして落ち込んでいる人を励ます

参考 ▶ If at first you don't succeed, try, try again.　最初はうまく行かなくても、何度もやってごらん。
　　 ▶ There's always a next time.　必ず次があるさ。

4 Nobody's perfect.
完璧な人なんかいないよ。

失敗をして落ち込んでいる相手を、「失敗はだれでもするものだから気にしなくていいよ」と励ます表現です。

参考 ▶ Everybody makes mistakes.　だれでも間違いは犯すものだ。
　　 ▶ Hey, everyone messes up sometimes.　おい、だれだって時にはヘマをするさ。

5 It was just a small mistake.
ささいなミスだよ。

だれでもするようなささいなミスなので、「気にしないように」と相手を励ます言い方です。

参考 ▶ It's easy to overlook that kind of thing.　そういうことは見落としがちだ。
　　 ▶ I've made the same mistake many times.　私も同じ失敗を何度もしたことがあります。

6 I know what you were thinking at the time.
そのとき何を考えていたか、わかるよ。

会話の中で、相手に同情や理解を表す表現です。

参考 ▶ It wasn't really your fault.　あなたの落ち度ではなかった。
　　 ▶ I know you didn't really mean to do that.　わざとしたことじゃないのはわかっている。

7 You must understand the problems this sort of thing causes.

こういうことが引き起こす問題をわかってほしいのです。

この種の表現は、ミスが小さなものではなかったことを表しています。上司が部下に使います。自分が相手の状況を理解していることを告げ、なおかつ、ミスの深刻さを相手に理解してもらおうとする、どちらかというと改まった表現です。

[参考] ▶ I'm sure you've thought about things. いろいろ考えてくれたことと思う。

▶ I'm glad you've reflected on your errors. あなたが自分の間違いについて反省したのをうれしく思います。

8 You're a quick learner, so I know this won't happen again.

君は習得が早いから、こんなことは二度としでかさないだろう。

上司が部下に使う表現です。「今回の失敗は水に流すけれど、二度と同じ失敗は繰り返さないでください」という意味合いを含んだ、多少、上から目線の言い回しです。ビジネスでは、quick learner（飲み込みが早い）と言うと、かなりのほめ言葉になります。

[参考] ▶ I trust you won't make the same mistake twice. 君が同じミスを二度するはずがないと信じています。

▶ I'm sure you'll be more careful in the future. この先、もっと気をつけてくれることと思います。

9 Let's just forget about all this and move on.

全部水に流して先に進もうじゃないか。

どちらかというと、くだけた表現です。「失敗のないところに前進はない、失敗を糧にして先に進もう」と、失敗をポジティブに受け取るように励ます言い方です。

23 失敗をして落ち込んでいる人を励ます

参考 ▶ **You've learned your lesson.** 教訓は学んだね。
▶ **It goes with the territory.** こんなこと、仕事にはつきものだよ。

10 Like they say, live and learn.
何事も経験だって言うだろう。

同僚同士で使うくだけた言い回しです。失敗をして落ち込んだり、ショックから立ち直れない相手の気持ちを楽にする表現です。

参考 ▶ **You'll live.** 何とかなるって。
▶ **They'll get over it.** 上司も忘れるさ。
▶ **It's not the end of the world.** この世の終わりじゃあるまいし。

会話例

A: I'm very sorry to have made this mistake.
B: Well, nobody's perfect. Anyway, it wasn't such a serious mistake. But I do hope you'll be more careful in the future.
A: Yes, of course. I'll be very careful.
B: That's good. I'm glad you've learned your lesson.

A: こんなミスをしてしまい、申し訳ありません。
B: いや、だれだって完璧じゃないからね。とにかく、そんなに深刻なミスじゃないよ。でも、今後はもっと気をつけてほしいな。
A: はい、もちろんです。これからはもっと注意します。
B: そうだね。いい教訓になってよかった。

24 相手に休息をとるよう勧める
Encouraging a Person to Take a Needed Rest

上司が部下に使うだけでなく、同僚同士でも使える表現です。一息ついたり、仕事を休むように勧めたりする表現は、だれにでも使える表現です。どの場合も、相手を気遣う気持ちが裏に流れています。仕事から離れた場なら、相手を思いやる言葉であり、仕事の場なら、「もっと仕事がはかどるように」という気持ちを込めているかもしれません。これらの表現は、You can ... や You should ... のように、提案や許可の形をとるのが普通です。

1 Why don't you take a break?
少し休んだらどうかな？

一般的に、上司が部下に対して使う会話的な表現です。後ろに if you want や if you like をつけると、「してもしなくてもいいですよ」という気持ちが伝わります。

[参考] ▶ Let's take a short break.　少し休もうか。
▶ You can take a 15-minute break if you want.　よかったら15分休憩してください。

2 You look like you need a cup of coffee.
コーヒーでも一杯飲んだほうがよさそうだね。

You look like you need ... は、さまざまな場面で使える会話表現です。ここでは、コーヒーを飲むという間接的な言い方で、ペースを落とすとか、気分転換をする、ちょっと休憩を入れる、ということを相手に伝えています。

[参考] ▶ Go get yourself a cup of coffee.　コーヒーでも飲んだら。
＊Get yourself a cup of coffee. とも言える。
▶ A cup of coffee will help you to wake up.　コーヒーでも飲めばシャキッとするよ。

24 相手に休息をとるよう勧める

3 It's time for lunch.

昼食の時間だ。

基本的には、上司が部下に、「昼休みにしてもいいよ」と言う場合に使う一般的な会話表現ですが、同僚同士でも使えます。

参考
- ▶ **It's lunchtime.**　昼食の時間だ。
- ▶ **If you want, take an hour for lunch.**　昼休みを1時間取っていいよ。＊上司が部下に言う。

4 We'll take a 5-minute break and then continue this discussion.

5分休んで、議論を続けましょう。

会議の司会者や、講義、セミナーなどの講師が使う改まった表現です。

参考
- ▶ **We're going to take a short recess now.**　少し休憩します。
- ▶ **We can come back to this after we take a break.**　休憩を取ったあと、またこの話題に戻ります。

5 You can take the afternoon off if you want.

休みたかったら、午後は半休をとって構いませんよ。

雇い主や監督者が従業員に対して、よく使う表現です。

参考
- ▶ **It's OK to leave a little early today.**　きょうは早目に上がってもいいよ。
- ▶ **There's no need for you to stay late tonight.**　きょうは遅くまで残らなくても大丈夫です。

6 You can take your vacation anytime.

いつでも休暇を取ってください。

雇い主や監督者が使う表現です。anytime を anytime you want（いつでも取りたいときに）、anytime you'd like（いつでも好きなときに）や

anytime you please（お好きなときに）にすることもできます。

[参考] ▶ **If you want to take some vacation time now, I have no problem with that.**　今、休暇を取りたければ、こちらは問題ありませんよ。
　　　▶ **I'm sure a vacation will do you a world of good.**　休暇を取れば大いに元気が出るよ。＊同僚や友人にも使える。

7 Don't work too hard.
働きすぎないで。

同僚や友達に使う、相手を気遣う表現です。

[参考] ▶ **Don't overdo it.**　やりすぎないで。
　　　▶ **You shouldn't work so much overtime.**　残業はほどほどにしなよ。
　　　▶ **Everyone needs some R&R sometimes.**　だれだって時には骨休みしなきゃ。＊R&R はもともとは軍隊用語で、rest and relaxation の意味。

8 You should try to get a good night's rest tonight.
今夜は一晩ゆっくり休んだら。

疲れている人や、睡眠不足の人に対する、親しみを込めたアドバイスの表現です。ビジネスだけでなく、いろいろな場面や状況で使えます。

[参考] ▶ **You need to catch up on sleep.**　睡眠不足を取り戻す必要がありますね。
　　　▶ **You have to try going to bed earlier.**　もっと早く寝るようにしたほうがいいですよ。

9 Rest is the best thing for a cold.
風邪には休養が一番だよ。

体調が悪い相手を気遣う、会話的な表現です。この種の表現は、相手と

24 相手に休息をとるよう勧める

親しい関係の人が使います。

参考 ▶ In your condition, you should just take the day off.
そんな体調なら1日休むべきだよ。

▶ With your fever, you'd better call in sick today. その熱ならきょうは病欠にしたほうがいい。＊家族が使う表現。call in sick は、勤務先に病欠の電話を入れること。

10 You'll feel much better in the morning.
朝にはずっとよくなっていますよ。

一晩寝ればよくなる程度の体調不良の人に使う一般的な会話表現です。

参考 ▶ It's already late, so you'd better go home now. もう遅いから家に帰ったほうがいいよ。

▶ You want to be ready for another day of work tomorrow. 明日も働かなくちゃいけないんだから、それに備えたほうがいいよ。

▶ You need your sleep. 君は睡眠をとらなきゃ。

会話例

A: You look like you have a cold.
B: I don't really know what it is. But I have a fever and feel light in the head.
A: You can take the afternoon off. If you get some rest, you'll feel better in the morning.
B: Yes, that's a good idea. Thank you.

A: 風邪を引いたみたいだね。
B: 何だかよくわからないんですが、熱があって頭がふらふらするんです。
A: 午後は半休にしていいよ。少し休めば、朝にはよくなってるだろう。
B: そうですね。ありがとうございます。

25 仕事を探している人を励ます
Encouraging Someone Who Is Looking for Work

友情を込めて励ます表現です。ここで紹介する表現のほとんどは、就職活動をしている相手を励ますものです。職探しがうまく行くように願うものもあれば、職探しの苦労に同情するもの、「本当に好きな仕事が見つかるまでじっくり探せばいいよ」と励ます表現もあります。励ます表現の基本は、内容がポジティブであることです。つまり、相手のよいところを見つけて励まします。くだけた表現で構いません。大切なのは、相手の能力を認め、不安や落ち込みを解消することです。

1 You'll soon find a good job.
仕事はすぐ見つかるよ。

就活中の相手を励ますのに使われる、一般的な会話表現です。普通、友人や知人が使います。相手を信頼するポジティブな言い方です。

[参考] ▶ **I'm sure you'll find a job that suits you.** 君に合った仕事がきっとすぐ見つかるよ。

▶ **It may take time, but you'll find the right job for you.** 時間はかかるかもしれないが、ぴったりの仕事が見つかるよ。

2 We wish you success in your search for suitable employment.
貴殿にふさわしい場が見つかりますよう、実り多い就職活動をお祈り申し上げます。

不採用通知などで使われる、改まった表現です。your search for suitable employment の代わりに your future professional endeavors（今後のご活躍）とすることもできますが、とても改まった表現になります。

[参考] ▶ **I am fully confident that a person with your qualifications will have no problem finding suitable employment.** あなたのような能力をお持ちの方なら、ふさわしい仕事を見つけるのは難しくないと確信しています。

25 仕事を探している人を励ます

▶ **Good luck in your job hunting.** 職探し、頑張って。＊同僚などが使う、軽い調子の表現。

3 I hope they hire you.
雇ってもらえるといいね。

応募した仕事に相手が就けるように願う、現実味のある表現です。they hire you は you get the job と代えることができます。

[参考] ▶ **I think your chances are good.** 見込みがありそうですね。
▶ **I'll be keeping my fingers crossed.** うまく行くよう祈ってるよ。＊人差し指と中指を交差させるのは幸運を祈るしぐさ。

4 You have a lot of experience.
経験が豊富ですね。

面接などで使われる、会話表現です。特定分野を指して言う場合には、experience in sales（販売の分野で）のように in を使います。a lot of を considerable や extensive と置き換えると、改まった表現になります。

[参考] ▶ **I was impressed with your resume.** 履歴に感心しました。
▶ **You're very qualified.** とても能力がありますね。＊改まった表現。

5 Emphasize your strong points.
自分の長所を強調しなさい。

面接で自己紹介をするとか、履歴書に自分の長所について書かなければならない相手へのアドバイスで、会話的な言い回しです。相手と対等か、年上で経験のある人が使います。英語圏では、就活に謙遜は通用しません。ポジティブな面を全面的に打ち出してください。strong points は strengths または good points のことです。

[参考] ▶ **Focus on your three best marketable skills and how you've applied them.** 自分の売りとなる最大のスキルを3

つ挙げ、どう使ってきたかに焦点を絞りなさい。＊marketable skills とは、お金になる技能のこと。
- ▶ **Be specific about what you've done in the past.**　過去にやったことを具体的に挙げなさい。

6 You shouldn't accept just any old job.
仕事なら何でもいいというものじゃないよ。

この種の表現はどれも会話でよく使います。相手をよく知っている年上の人が使うアドバイス表現です。any old job は、「古い仕事」ではなく、「ありふれた、やる気の出ないような仕事」のことです。

参考　▶ **You should wait to find a job that's right for you.**
　　　　ぴったりの仕事が来るまで待つべきだよ。

7 It's hard to find a job these days.
最近は仕事を見つけるのも大変だね。

職探しの苦労に同情を示す会話表現です。

参考　▶ **The job market is tough.**　求人市場も厳しいからね。

8 I applied to almost a hundred places before I found a job.
仕事を見つけるまで私は100社くらい応募したよ。

どちらかというとくだけた感じの会話表現です。多くの企業を受けてもなかなかうまく行かない相手に自分の体験を土台に励ます言い方で、相手への親身さが伝わります。「とにかくやるしかない」という意味合いです。

参考　▶ **I guess you're overqualified.**　あなたは仕事に対して能力が高すぎるんだと思う。＊冗談まじりの皮肉っぽい言い方。
　　　▶ **You just have to be patient.**　根気よくやることだね。

25 仕事を探している人を励ます

9 Maybe you should consider relocating.
新しい土地に移ったほうがいいかもしれないね。

遠回しな提案です。やや改まった表現で、「ここで就職するのは難しい」という意味合いが含まれたアドバイスです。

参考 ▶ **You might need to move to a bigger city.** もっと大きな都市に引っ越す必要があるかもしれない。

10 I'm sure your luck is going to change.
また絶対ツキが変わるよ。

失業した相手をなぐさめ、「今はだめでも、これからよくなる」と、前向きにとらえるように励ます表現です。空いた時間をポジティブに活用するよう、提案することもできます。

参考 ▶ **You should take advantage of your free time, and study more about global business trends.** 暇な時間を利用して世界のビジネストレンドを勉強したらいいよ。

会話例

A: How's your job hunting going? Any luck?
B: So far zero. To tell the truth, it's a little depressing.
A: I know the feeling. I applied to about a hundred places before I even got an interview. You have to stay positive. Somewhere there's the perfect job out there just waiting for you.
B: Yeah, I hope so. Anyway, you're right. I have to think positive.

A: 就活はどう？　何かいいことがあった？
B: 今までのところは何もないよ。正直、ちょっと落ち込むね。
A: わかるよ。僕も、やっと1社の面接にこぎつけるまで、100社ぐらい応募した。前向きに行かなくちゃ。どこかで天職が君を待っているよ。
B: そうだといいけどね。とにかく君の言う通りだ。前向きに考えなきゃ。

26 もめごとに巻き込まれた人を励ます
Encouraging Someone Who Is Experiencing a Conflict

内輪の人が使う励ましです。派閥争いなど、社内のもめごとに巻き込まれた人をやんわりと励まします。相手に味方したり、中立的に相手の考えを理解して励ますこともできます。大切なのは、これから先のことなのですから、相手がどんな決心をしても応援するという気持ちを込めて励まします。

1 I'm on your side.
君の味方だよ。

「君の味方をする」と相手に積極的に伝える会話表現です。

参考
- I'm with you on this.　君の側についている。
- I'm behind you 100%.　100％バックアップするよ。
- I'm in full agreement with you on this.　この件についてあなたと完全に意見が一致しています。＊改まった表現。

2 I think the other people are wrong.
ほかの人たちが間違っていると思う。

反対の立場の人たちを否定することで、少し遠回しに「あなたが正しい」と伝える、一般的な表現です。

参考
- I don't agree with them either.　私も彼らに賛成ではない。
- They're taking a mistaken position on this issue.　ほかの人たちはこの問題について間違った態度をとっています。＊やや改まった表現。

3 I can see your point of view.
あなたの考え方はわかります。

はっきり相手を支持するわけではないけれど、相手の立場や考え方を理解して認める表現です。話し手は中立的な立場にいます。

26 もめごとに巻き込まれた人を励ます

[参考] ▶ I understand your side of things.　あなたのほうの事情は理解できます。

▶ If I were in your position, I'd think the same thing.　あなたの立場だったら私も同じように思うでしょう。

4 It's going to take some work to convince them of our case.

あの人たちにこちらの事情を納得してもらうのには少し手間がかかる。

「あなたと一緒の側で頑張りましょう」という気持ちを表す表現です。

[参考] ▶ We need to work together on this closely.　私と君はこの問題で共闘する必要がある。

▶ I'll help you in any way I can.　君をバックアップするためには何でもするよ。＊喜んで手を貸す、という表現。

5 You're right, but I don't know what you can do about things.

あなたは正しいけれど、といって何ができるのか私にはわかりません。

一定の理解は示していますが、励ましにはなっていません。どちらかというと改まった表現で、「甘んじて現状を受け入れるように」という客観的なアドバイスです。

[参考] ▶ You just have to resign yourself to things.　甘んじて受け入れるしかありません。

▶ There's not much you can do in this situation.　この状況でできることはあまりありません。

▶ Forget it.　もうやめとけよ。＊くだけた言い方。

6 If we fight it, we'll just make things worse.

ここで争っても事態が悪化するだけだ。

くだけた表現が使われていて、内輪の者同士が話していることがわかり

105

ます。話し手は相手と同じく、負け組みに入っていて、「こちらの負けだ」と伝えています。make things worse（事態をさらに悪くする）は、よく使われるイディオムです。

参考 ▶ **This is all office politics.**　すべては社内の人間関係だよ。
　　　＊politics は「処世術、派閥の駆け引き」という意味。
　　▶ **They have the upper hand.**　向こうが優勢だ。

7 No one's to blame.
だれのせいでもないさ。

負け組の友人や同僚をなぐさめる会話表現です。

参考 ▶ **Everyone's at fault.**　みんなが悪いんだ。
　　▶ **It's not your fault.**　君のせいじゃないよ。
　　▶ **Things happen.**　そういうこともあるよ。

8 Things will work out somehow.
何とかなるもんだよ。

これも、負け組の友人や同僚をなぐさめる表現ですが、だれの責任かということよりも、あまりよくない状況を自分の努力でよいものに変えていこうというポジティブななぐさめです。

参考 ▶ **In ways, it's all for the better.**　まあ、そう悪くはないよ。
　　▶ **We'll have to try to make the best of a bad situation.**
　　　悪い状況をせいぜい好転させなくては。
　　▶ **You did the best thing given the circumstances.**　状況を考えると、君は最善のことをしたと思うよ。

9 You should just ignore it.
無視すればいいんだよ。

かなりくだけた言い回しで、直接的なアドバイスです。「過去のことは過去のこととして、先に進め」と相手に伝える表現です。

| 参考 | ▶ It's not worth it.　そんな価値はない。
▶ You're just digging yourself into a hole.　君は自分で状況を悪くしている。
▶ You can put all this behind you.　水に流せばいいんだ。

10 You have to make a choice.
どちらか選ばなくては。

もめごとの渦中で悩んでいる相手に、今すべきことを提示する言い方です。「どんな決定をしても、私はあなたの友達だからね」という意味合いが含まれています。

| 参考 | ▶ A decision has to be made.　心を決めなくては。
▶ You're at a crossroads.　君は岐路に立っているんだ。

会話例

A: We are at a crossroads. What we do now is very important.
B: Yes, I realize the seriousness of the situation.
A: We must think carefully and make the right decision.
B: You're correct. I think we understand the facts of this matter very well though.

A: ここが岐路だよ。これからどうするかが肝心だ。
B: ああ、事の重大性はわかっている。
A: 慎重に考えて、正しい決心をしなくてはね。
B: そうだね。でも、われわれは二人とも問題の事実関係をよく把握していると思う。

Ⅲ章

身近な社交のほめ言葉

Basic Social Skills

27 出会った相手をほめる
Praising Someone When You Meet Them

　気持ちのつながりが深まるほめ言葉です。ここで紹介する表現は、ビジネスの場だけではなく生活の場で必ず使う表現です。いちばんよく使うのは、初対面のときの、「お会いできてうれしいです」とか、「おうわさはかねがね聞いています」といった挨拶でしょうが、出会いというのは初対面に限りません。しょっちゅう顔を合わせるのも、本当に久しぶりに会うのも出会いです。どんな場合でも、声をかけたり、挨拶したり、ちょっとしたほめ言葉を口にしたりすると、気持ちのつながりが深まります。できれば、そのあと少し世間話をすることをお勧めします。こういったスモールトークはほめ言葉の一種なのです。

1 I'm pleased to meet you.
初めまして。

どちらかというと丁寧な、初対面の相手に使う表現です。

[参考] ▶ **I'm honored to meet you.**　お会いできて光栄です。＊重要人物に使う。

▶ **I'm delighted to meet you.**　お会いできてうれしいです。

▶ **I'm glad to meet you.**　お会いできてうれしいです。＊Glad to meet you. と短くしてよく使われる。

2 It's a great pleasure to meet you.
お会いできてたいへんうれしいです。

初対面の相手に使う、礼儀正しい表現です。

[参考] ▶ **It's an honor to meet you.**　お会いできて光栄です。＊重要人物に使う。

▶ **Nice to meet you.**　お会いできてうれしい。＊普通の会話でよく使う。

3 I feel lucky to meet you in person.
じかにお目にかかれるなんて、ラッキーです。

著名な人に会った場合に使う表現です。もう少し改まった表現にしたければ、lucky を fortunate（幸運な）と置き換えます。

[参考] ▶ **It's not every day that I can meet someone like you.** あなたのような方にお目にかかれるなんて、めったにないことです。
　　　▶ **I've been waiting for this chance for a long time.** こんな機会をずっと待っていました。
　　　▶ **It's like a dream come true.** 夢がかなった気分です。
　　　＊ちょっとオーバーな表現。

4 I've heard so much about you.
おうわさはいろいろ聞いています。

初対面の挨拶のあとに使われる会話表現です。

[参考] ▶ **People have been saying nice things about you.** 評判をうかがっています。
　　　▶ **Everyone says such wonderful things about you.** だれもがあなたを口を極めてほめています。

5 I've read all your books.
お書きになった本はすべて読みました。

著名な人に会った場合に使う表現です。

[参考] ▶ **I'm a big fan of yours.** 私は熱烈なファンです。
　　　▶ **I hope you don't mind, but I wonder if I could ask you for your autograph.** もし差し支えなければ、サインをいただけませんでしょうか。＊丁寧な表現。

6 There are so many questions I want to ask you.
いろいろお尋ねしたいことがあります。

初対面に限らず使えます。

参考 ▶ **There's a lot of things I want to talk to you about.** 話したいことがたくさんあります。＊There's a lot of things は会話的な用法。

▶ **We have lots to catch up on.** つもる話があります。＊初対面では使わない。

7 It's good to see you again.
またお会いできてうれしいです。

しばらく相手と会わなかった状況で使う、再会の挨拶です。初対面以外では meet ではなく、see を使います。

参考 ▶ **I'm delighted to see you again.** またお会いできてうれしいです。

8 You look great.
カッコいいね。

久しぶりに会った相手の格好をほめるときや、相手が何かの催しのためにしゃれた格好をしているときなどによく使う会話表現です。

参考 ▶ **You're looking good.** 元気そうだね。

▶ **You're in really good shape.** 調子がよさそうだね。＊体調について言う。

9 You haven't changed at all.
全然変わりませんね。

久しぶりに会った相手に使うほめ言葉です。変わっていないのは外見なのか性格なのか、はっきり言っていないので、いろいろな状況で使えます。

参考 ▶ **You look as young as ever.**　相変わらずお若い。＊外見について言う。

10 You've done some good things in your life.
人生でいろいろいいことをやってきましたね。

相手のキャリアを婉曲的にほめる表現です。good を amazing（素晴らしい）や incredible（すごい）にすれば、より強いほめ言葉になります。

参考 ▶ **You've become very successful.**　ずいぶん成功しましたね。
　　　▶ **You've become quite the businessperson.**　なかなかのビジネスパーソンになりましたね。
　　　▶ **You've done very well in recent years.**　最近、りっぱにやっているね。

会話例

A: Taro, it's good to see you again. How have you been recently?
B: Just fine, Rob. And you? Is there anything new with you?
A: Not really. I still work for ABC Company. We'll have to get together for a beer sometime. You know, catch up on things.
B: That's sounds like a good idea. Let me give you my new address and phone number.

A: 太郎、久しぶりだね。最近、どうしてる？
B: 上々さ、ロブ。君は？　変わりない？
A: 特にないね。相変わらず ABC 社で働いているんだ。今度、一杯やろうよ。つもる話もあるし。
B: いいね。新しい住所と電話番号を渡しておくよ。

28 付き合いのある相手をほめる
Complimenting Someone You Have a Relationship With

　関係をスムーズにするためのほめ言葉です。よい人間関係をつくるためには、相手に信頼してもらうことが大切です。ほめ言葉は、そのための潤滑油として働きます。ほめる内容は、相手の長所や、めぐり合わせのような漠然としたものでも構いません。相手とよい関係を築き、それを続けていくことは、身近な付き合いでは欠かせないことなのです。もちろん、ビジネスでもよい人間関係は必要です。

1 We haven't met by chance I think.
われわれは偶然出会ったわけじゃないと思う。

　付き合いが始まったころに使う、どちらかというと会話的な言い回しです。日常でもビジネスでも使われる表現です。

[参考] ▶ There's a reason for our meeting. 　われわれの出会いには理由があるんだ。
　　　 ▶ Something has brought us together. 　何かがわれわれを引き合わせたんだ。

2 There's some deeper purpose to our relationship.
私たちが知り合ったのには何か深い意味があるんだ。

　1と同じ内容を表していますが、こちらのほうが改まった表現です。

[参考] ▶ Fate has brought us together. 　私たちの出会いは運命です。
　　　 ▶ It's destiny. 　これは宿命です。

3 We make a winning team.
われわれはウィニングチームです。

　スポーツに由来する会話表現で、ビジネスの場にもぴったりです。「あなたの力と私の力があれば、絶対うまく行きますよ」と、相手の力も認め

28 付き合いのある相手をほめる

ていることが伝わる言い回しです。

参考 ▶ Together we're unbeatable.　あなたと私が組めば無敵です。
▶ With our combined strengths, we can do anything.　力を結集すれば何でもできます。

4 We have an opportunity which we shouldn't waste.
これは無駄にしてはならない機会です。

「チャンスを生かそう」と相手に伝える、ビジネス色の強い表現です。

参考 ▶ We shouldn't waste this opportunity.　この機会を無駄にしてはいけません。
▶ It's in our best interests.　これがわれわれの最善の利益になります。

5 With your knowledge of the Chinese market and my experience with banking, I think we'll do quite well.
あなたの中国市場の知識と私の銀行業の経験があれば、鬼に金棒じゃないですか。

自分の長所と相手の長所が合わされば何でもできるという意味合いで、よく使う言い回しです。With your money and my brains ...（あなたの財力と私の頭脳があれば）のように、長所はいろいろと代えられます。

参考 ▶ I think we can go places.　われわれのコンビは成功するぞ。
▶ It's like a marriage made in heaven.　理想の組み合わせです。

6 We both have much to offer.
私たち双方が、提供できるものをたくさん持っています。

「お互いに協力しましょう」という会話的な表現です。「お互いに知識や

115

能力があるのですから、提供し合いましょう」という意味合いを含んでいます。

参考
▶ We can share our knowledge.　知識を共有しましょう。
▶ There's lots of ways we can work together.　いろいろな形で一緒にできますね。

7 We'll both benefit from this.
双方に得になります。

ビジネスだけでなく、いろいろな場面で使える表現です。

参考
▶ It's a win-win situation.　どちらに転んでも勝ちだ。＊win-win（お互いに得をする）は会話でよく使うフレーズ。
▶ We both have much to gain.　双方とも得るものがたくさんあります。

8 Things will work out fine.
素晴らしい結果になると思います。

work out fine（素晴らしい結果になる）は、「時間や努力が必要だけれども、最終的にはうまく行く」というニュアンスを含んでいます。

参考
▶ It will work.　成功しますよ。

9 I'll keep up my end of the bargain.
こちらの約束は守りますよ。

どちらかというとくだけた言い回しです。約束を守ることは人間関係では大切なので、ほめ言葉として使えます。bargain（契約、約束）はdeal（取引）と置き換えられます。

参考
▶ I'll honor our agreement.　われわれの合意は尊重します。
　＊改まった表現。
▶ I'll take care of things on my end.　こちらのことはきちんと処理します。＊take care of は deal with としてもよい。

10 I know you have many talents.
あなたが多才なのは知っています。

手助けを申し出た相手に、「ありがとう。あなたの能力は知っています」と伝える表現です。talents の代わりに abilities（能力）や skills（技能）を使っても同じことが伝わります。

[参考] ▶ **You can be of great service to us.** あなたはわれわれ双方に役立ってくれることができます。＊改まった表現。

会話例

A: I think we have established a solid business relationship. There are many ways in which we can cooperate further in the future.
B: Yes, I agree. We both have much to gain from our future cooperation.
A: With your company's experience in distribution and our company's strength in manufacturing, I'm sure we'll go far.
B: With our combined strengths, we can accomplish a great deal.
A: われわれの間には緊密な取引関係ができたと思います。これから、もっと協力できる道がいろいろあるでしょう。
B: ええ、同感です。今後の協力で、お互い得るものが多いですからね。
A: 御社の流通の経験と弊社の製造力があれば、鬼に金棒ですよ。
B: 力を合わせれば、いろいろなことができますね。

29 いいことが起きた相手をほめる
Complimenting Someone on Something Good Happening to Them

　喜びを共有する表現です。ここで紹介するのは、ビジネスに特化せず、毎日の暮らしの中で使える表現です。相手に何かうれしいことがあったときに、それを共有して、一緒に喜ぶことで絆を確かめ合い、信頼を深めます。相手が感じているうれしさを汲み取ったり、いいことが起きたのは相手が優秀だからだとほめたり、お祝いを述べたりすることで、気持ちが伝わります。こうした表現を使いこなせれば、普段の人間関係をよくするだけでなく、ビジネスを成功させることにもつながるはずです。

1 That's fantastic!
素晴らしい！

　力のこもったほめ言葉です。もっと改まった感じにしたければ、splendid（見事な）を使いましょう。

参考　▶ **That's wonderful.**　すごいね。
　　　▶ **That's nice.**　いいね。
　　　▶ **That's cool.**　いい感じ。＊若い人が使う表現。

2 That's wonderful news.
それは素敵な知らせだ。

　知っている人が結婚するとか、昇進したとか、子どもができたときなどに使う表現です。相手のことを喜ぶ気持ちが込められた言い回しです。

参考　▶ **That's great news.**　すごい知らせだ。
　　　▶ **That's excellent news.**　とんでもなくいい知らせだ。

3 I'm glad to hear that.
それを聞いてうれしい。

　シンプルで、よく使われる表現です。pleased または delighted を使

㉙ いいことが起きた相手をほめる

うと、もっと礼儀正しい雰囲気になります。

[参考]
▶ **I'm delighted to hear that.**　それを聞いて喜んでいます。
▶ **I'm pleased to hear that.**　それを聞いて何よりです。

4 I'm jealous.
やけるね。

相手にちょっといいことがあったときに使う、くだけた、冗談っぽい表現です。ものすごくいい知らせを受け取った人に使うとシャレに聞こえず、誤解されることがあるので、注意しましょう。

[参考]
▶ **I wish I could get a day off.**　私も一日休みが欲しいな。
▶ **The boss never takes me out to dinner!**　私の上司は夕食をごちそうしてくれたことなんかないよ！ ＊me を強調する。

5 I feel really happy for you.
私もうれしいですよ。

会話でよく使う表現です。really は so に代えられます。うれしさを伝えるために、強いイントネーションで発音します。

[参考]
▶ **I'm happy for you.**　よかったね。
▶ **I wish you happiness.**　お幸せを祈ります。 ＊少し改まった表現。

6 You must be very happy.
さぞうれしいでしょう。

いろいろな場面で使える、相手の気持ちになって言う表現です。pleased（うれしい）、excited（わくわくする）、proud（鼻が高い）などもよく使われます。

[参考]
▶ **I'm sure you're very happy.**　うれしいでしょうね。
▶ **No doubt, you're very happy.**　すごくうれしいでしょう。
　＊少し改まった表現。

7 You deserve it.
当然だね。

仲間同士で使う少しくだけた表現です。頑張って働いたあと、相手がようやく休暇を取ったり報われたときに使います。ただし、deserve は、悪い意味になることもあるので、注意してください。特に、過去形の You deserved it. は、自業自得ということです。

参考
▶ You need it.　君にはそれが必要だ。
▶ Well, it's about time.　うーん、遅すぎたぐらいだよね。
▶ This is long overdue.　長かったですね。＊少し改まった表現。

8 It couldn't have happened to a better person.
あなたはこの栄誉を受けるにふさわしい。

相手の人格をほめながらお祝いを言う、丁寧な言い回しです。

9 I wish you all the best.
すべてうまく行きますように。

一般的に今後の幸せを祈る表現です。特定のことについて、うまく行くように祈るのなら、We wish you all the best in your new job. のように、後ろに in ... を使うのが普通です。

参考
▶ My best wishes.　ご多幸を祈ります。
▶ All the best.　幸運あれ。
▶ Good luck.　幸運を。

10 Congratulations!
おめでとう！

いろいろな場面で使える、祝福の表現です。特定のことを指す場合は、Congratulations on your wedding!（結婚おめでとう！）のように、on ... を使います。

㉙ いいことが起きた相手をほめる

参考 ▶ **Please accept my warmest congratulations.**　心からお祝いを言わせてください。＊改まった表現。
　　 ▶ **Let's celebrate.**　お祝いしよう！
　　 ▶ **Let's go out sometime to celebrate.**　いつかお祝いしよう。＊いつなのかわからない、ややあいまいな表現。

会話例

A: I heard about your promotion. You must be very pleased.
B: I am. But I must say I'm a little surprised. I wasn't expecting it at all.
A: Really? After all the hard work you've been doing? It couldn't have happened to a better person.
B: Well, thank you. It is going to take me some time to get used to my new duties, though.

A: あなたの昇進の話、聞きましたよ。さぞお喜びでしょう。
B: ええ。でも、正直、ちょっと驚きました。期待していなかったので。
A: 本当ですか。あれだけ頑張って働いたのに？　あなたが昇進せずにだれが昇進するんですか。
B: ありがとう。でも、新しい仕事に慣れるまでちょっと時間がかかりそうです。

30 別れぎわに使うほめ言葉
Complimenting Someone When Parting

別れぎわに使われるほめ言葉です。「またお会いしたいですね」とか、「お会いできて楽しかった」などの表現は、どんな場面でも使えるほめ言葉です。「何かお役に立つことがありましたら言ってください」などと言えば、相手は心強く感じるでしょう。どれも、相手を立てる表現です。シンプルな言い回しが多いのですが、相手が以前からの知り合いか、知り合ったばかりかによって言い方が変わります。ビジネスで取引を始めたばかりの相手などには、少し遠慮した言い方をするのがベストです。また英語圏では、久しぶりに会った場合や、しばらく会えそうにない相手に別れを告げる場合も、ほめ言葉を口にしながら握手をすることがあります。相手を立てる気持ちを体で伝えるのが握手です。ビジネスの場で何よりも大切な信頼が、握手で伝わることでしょう。

1 We have to get together again.
またぜひ会いましょう。

「また会いたい」という強い気持ちを表す表現です。相手と過ごす時間を貴重なものと考えていることを伝えるほめ言葉で、知り合いに使います。

[参考] ▶ Let's get together again soon.　また近いうちに。＊少しくだけた表現。
　　　▶ See you next week.　また来週。＊会う日を特定する言い方。
　　　▶ I'll be seeing you.　近いうちにお会いしましょう。

2 I hope we meet again.
またお会いしたいものです。

会ったばかりの相手に使う礼儀正しい表現です。相手に「またお会いしたい」という希望を伝えています。I want to meet you again. は、直接的すぎて懇願か要請のように聞こえるので、あまり使いません。

[参考] ▶ I hope to see you again soon.　近いうちにまたお会いしたいですね。

▶ I look forward to meeting you again.　またお会いするのを楽しみにしています。＊再会を予期しているときに使う。

3 I'll be waiting for you to call me again.
またお電話いただくのをお待ちしています。

「近いうちに電話をいただければ幸いです」と伝える表現ですが、相手に「すぐ連絡しなくては」というプレッシャーを与えないように配慮した丁寧な言い方です。ビジネスでは、親しい仲になっていない相手には、いつと特定することは避け、あいまいにしておくのが普通です。

参考　▶ Please call me anytime.　いつでも電話してください。
　　　▶ You have my cell phone number, right?　私の携帯電話の番号はお持ちでしたよね？
　　　▶ Please contact me at your earliest convenience.　ご都合がつき次第、ご連絡ください。＊改まった表現。
　　　▶ Give me a call sometime.　電話して。＊くだけた表現。

4 It was nice talking with you.
お話しできてよかった。

いろいろな場面で使える表現で、バリエーションがたくさんあります。

参考　▶ I enjoyed talking with you.　お話しできてよかった。
　　　▶ I'm glad we had this chance to talk.　お話をするこんな機会があってよかった。
　　　▶ It was nice to see you.　お会いできてよかった。

5 I hope we can continue doing business together.
引き続きお取引をお願いしたいものです。

どちらかというと改まった表現で、ほめ言葉には見えないかもしれませんが、「これからも何かと一緒にしたい」と相手を立てる言い方です。

参考　▶ Here's my business card.　私の名刺です。

▶ **Please visit me at my office if you have the time.**　お時間がありましたら、事務所にお立ち寄りください。

6 If there is anything I can do to be of help, please ask.

何かお役に立てることがありましたら、どうぞお声をおかけください。

相手を立てて、「何でもお役に立ちます」と伝える表現です。

参考 ▶ **If I can be of assistance to you in any way, don't hesitate to ask.**　何かお手伝いできることがあれば、遠慮なさらずにお声をおかけください。＊改まった表現。

7 Thanks for everything.

いろいろありがとうございました。

お礼の言葉ですが、よく別れぎわに使われます。

参考 ▶ **Thank you very much for everything.**　いろいろありがとうございました。

▶ **I feel really grateful for everything you've done for me.**　いろいろお世話になり、本当にありがたく思っています。＊丁寧な表現。

8 I've learned a lot from you.

いろいろ学ばせていただきました。

感謝の表現ですが、控えめに事実を述べることで相手を持ち上げ、ほめる結果になっています。現在完了形が使われているので、今現在のことだけでなく、過去にさかのぼってお礼を言っています。

参考 ▶ **You've helped me in so many ways.**　いろいろな形で助けていただきました。

▶ **Your assistance has been invaluable to me.**　ご助力はたいへん貴重でした。

▶ I appreciate all you've done for me.　いろいろお世話になって感謝しています。

9 I value our friendship immensely.
二人の友情を大切に思っています。

相手を大切に思っていることが伝わる、改まった表現です。

[参考]　▶ You friendship means a lot to me.　あなたの友情は私にとって大きな意味があります。

▶ You're a good friend to me.　あなたはいい友人です。

10 Take care.
元気で。

翌日も相手に会うような別れの場面では使われない表現です。

[参考]　▶ Take care of yourself.　体に気をつけて。

▶ Give my regards to your husband.　ご主人によろしくお伝えください。＊会話表現。

▶ Say hi to your mother for me.　お母さんによろしく。

会話例

A: Well, it's been very nice talking to you.
B: Yes, I enjoyed talking with you, too.
A: We have a few more matters which need to be discussed, but we can do that later.
B: Yes, we still have some time before the start of the project.
A: いやあ、話ができてよかった。
B: ええ、私も楽しかったです。
A: もう少し話し合う必要がありますが、あとでまた話しましょう。
B: そうですね、プロジェクトの立ち上げまで、まだ時間がありますから。

31 住んでいる場所をほめる
Complimenting Someone on the Place They Live

だれかの家に招かれたときに使える表現です。相手をほめることで、関心があることを伝え、人間関係を円滑にしていくことができます。そのためにも、ほめ上手になることが大切です。ほめ言葉といっても、そんなに大げさに考える必要はありません。ただ、よいところを素直に表現するだけでいいのです。そのため、基本的な I like ... を含め、とてもシンプルな形が使われます。大切なのは、ほめ言葉にふさわしいイントネーションをつけ、感情を込めて言うことです。ここで紹介する表現は、直接ビジネスに結びつくものではありませんが、顧客や仕事関係者の家を訪ねた際に使えます。

1 This is a very nice house.
とてもいいお住まいですね。

きわめてシンプルなほめ言葉です。very を強調すると、気持ちが伝わります。

[参考]
- **You have a great place.**　素晴らしい家ですね。
- **What a cool apartment!**　なんて素敵なマンションでしょう。
  ＊くだけた表現。

2 The design is very interesting.
デザインがとてもおもしろいですね。

比較的シンプルな表現です。interesting は非常によく使われる言葉です。ほかに、unique（珍しい）、original（オリジナルの）、practical（実際的な）、contemporary（今風な）も使えます。

[参考]
- **The layout I like.**　間取りがいいですね。＊会話的表現。
- **Your house is well designed.**　家の設計がとてもいいですね。＊少し改まった表現。

3 Your place is nicely furnished.
いい調度がそろっていますね。

住まい全体ではなく、少し具体的なものをほめる言い方です。nicely の代わりに、wonderfully（素晴らしく）、tastefully（趣味がよく）も使われます。

[参考]
▶ **Your place is so spacious.** とても広いお住まいですね。
▶ **I like the carpet.** カーペットがいいですね。＊四角以外のものは rug。

4 I wish my house had a big yard like yours.
うちにもお宅のような広い庭があるといいんですが。

素直に相手をうらやましがる表現です。wish が入っているので、少し個人的な感じがします。

[参考]
▶ **I wish I could have a place like this.** 私もこんな家が欲しいですね。
▶ **Someday I hope I can buy a place like this.** いつかこんな家が買えたらなあ。

5 You must be an interior designer.
あなたはインテリアデザイナーに違いない。

「ご自分でこんなに素敵になさったなんてすごい」と相手に伝える、ややオーバーなほめ言葉です。お世辞だと受け取られないように、できれば親しい間柄で使いましょう。

[参考]
▶ **You did a beautiful job of decorating.** あなたがなさった室内装飾は素晴らしいですね。
▶ **I like what you did in the kitchen.** キッチンが素敵になっていますね。＊I like what you did in/with ... は、とてもよく使われる表現。

6 I especially like that painting on the wall there.

そこの壁の絵が特にいいですね。

いろいろ気に入ったものの中で、「特にそれがいい」と相手に伝える表現です。especially や particularly は、ほめ言葉に特別なニュアンスを添えられるので、とても役に立ちます。

[参考] ▶ That's a nice wall hanging. その壁掛けがいいですね。
▶ I didn't know you were such an art collector. あなたがアートコレクターだとは知りませんでした。＊お世辞と紙一重の表現なので、心を込めて言うこと。

7 The view is excellent.

眺めが素晴らしいですね。

強い称賛の言葉です。住まいそれ自体ではなく、住環境に主眼を置いています。excellent よりも、少し控えめに quite nice にしたほうが、ほめる気持ちが相手に伝わるかもしれません。

[参考] ▶ The location is very convenient. とても便利なところですね。
▶ This is a nice place to live. 住むにはいい場所ですね。

8 You get so much sunlight.

日当たりがいいですね。

so much や so many は、会話で話し手の気持ちを強く表すときに使います。視点を広げれば、ほめる場所はたくさんあります。

[参考] ▶ You have so many interesting house plants. おもしろい観葉植物がたくさんありますね。
▶ You have such a nice garden. とても素敵なお庭ですね。

31 住んでいる場所をほめる

9 Can you show me around your house?
お家の中を拝見できますか。

相手の家やマンションの部屋を見せてほしいと頼むのは、相手に自分の関心を示すということです。それはほめることにつながります。相手は喜んで家の中を見せてくれるでしょう。

[参考] ▶ I want to see the rooms if I may.　よろしければ、お部屋を拝見させてください。
　　　 ▶ This place is fantastic.　ここは素敵ですね。＊家を見せてもらっているときに使う。

10 Your house is in a very nice neighborhood.
とても素敵な所にお住まいですね。

近隣をほめる表現です。

[参考] ▶ The neighborhood is so quiet.　この辺は静かな所ですね。
　　　 ▶ It's very peaceful here.　ここはほっとしますね。
　　　 ▶ I feel very comfortable here.　お宅はとてもくつろげます。

会話例

A: This is a very nice house.
B: I'm glad you like it.
A: The design is excellent. And you have such a big yard. I hope someday I can have a place like this.
B: One day I'm sure you will.

A: とても素敵なお宅ですね。
B: お気に召して何よりです。
A: 素晴らしい設計だし、庭も広い。私もいつかこんな家に住みたいものです。
B: それはきっとかないますよ。

32 手料理をほめる
Praising Someone's Cooking

家に食事に招かれたときに使えるほめ言葉です。だれかの手料理をほめるのは、あまりビジネスにはかかわりのないことだと思うでしょうが、仕事の関係者にパーティーや家に招かれることはよくあることです。そんなときは、大いに出された料理をほめましょう。まず、招いてもらったことのお礼を言い、料理が並べられたら、そこでまたほめます。料理を口にしたら、今度は味をほめます。あまりにも見えすいたお世辞は禁物です。そして、おいとまする際には自分が楽しかったことを表現して、感謝しましょう。

1 It's so nice of you to have invited me for dinner.
夕食にお招きいただき、ありがとうございます。

だれかの家に食事に招かれたときの、一般的な感謝の表現です。どちらかというと、丁寧な言い方です。

[参考] ▶ **You've gone to so much trouble to prepare all this food.** これだけのお料理にはずいぶん手間がかかったでしょう。＊料理が出されたときの表現。

▶ **I'm so glad to have this chance to try out your cooking.** あなたの手料理を味わう機会が持てて何よりです。＊料理が出されたときの表現。

2 The food looks so delicious.
すごくおいしそうですね。

料理を食べる直前に言う表現です。もっとくだけた感じにしたければ、delicious の代わりに good を使います。

[参考] ▶ **You have prepared a feast.** これはごちそうですね。＊「ごちそう」という雰囲気ではなかったら、home-cooking（家庭料

32　手料理をほめる

　理）を使うとよい。
▶ **I like home-cooked food best.**　手料理が一番ですよ。

3 This tastes wonderful.
すごくおいしいですね。

　丁寧な感じのほめ言葉です。料理を口にしてから使います。

[参考]
▶ **This has a very interesting taste.**　とてもおもしろい味ですね。＊What's in it? と続けると会話がふくらむ。
▶ **This dish is very good tasting.**　この料理はとてもおいしいですね。

4 You must tell me your recipe.
レシピを教えていただけますか。

　料理を作った人への一番のほめ言葉は、「レシピを教えてください」です。実際に作ってみたいということは、単なるお世辞ではないからです。

[参考]
▶ **Your pizza is great.**　あなたが作ったピザはすごくおいしい。
▶ **Your lasagne is out of this world.**　あなたが作ったラザーニャはとびきりうまいね。
▶ **I'm afraid I can't cook anything like you do.**　私はあなたみたいに料理ができません。
▶ **You're a much better cook than I am.**　あなたは私よりずっと料理がうまいですね。

5 You're a good cook.
料理がうまいですね。

　You're a good ...（あなたは上手な…だ）は、ほめ言葉の定番の言い方で、オーバーに聞こえない、率直な表現なので、よく会話で使われます。

[参考]
▶ **I didn't know you were such a good cook.**　こんなに料理がうまいなんて知りませんでした。＊ゴマすりと思われない

131

ように気をつける必要がある言い方。
▶ **You're a superb chef.**　最高のシェフだね。＊お世辞に近い。

6 French cooking is difficult, but you've really mastered it.
フランス料理は難しいのに、あなたは完璧にモノにしましたね。

master は、「何かを極める、熟達する」ということです。

参考 ▶ **The Japanese food you cook is very authentic.**　あなたの日本料理は本格的ですね。＊authentic を the real thing にするとややくだけた言い方になる。

▶ **You really know how to make Italian food.**　イタリア料理の作り方を心得ていますね。

7 Wow, that was a great dinner.
なんて、素敵なディナーだったんでしょう。

どんな場面でも使えるくだけた表現です。

参考 ▶ **I'd like to eat more, but I can't eat another bite.**　もっと食べたいけど、もう一口も入りません。

▶ **Where did you learn how to cook such delicious food?**　こんなにおいしい料理、どこで習ったの？

8 You made the pasta just the way I like it.
パスタがちょうど好みの固さです。

You made ... just the way I like it. は非常によく使われる表現です。just the way I like it の代わりに、just the way my mother does（まさにおふくろの味だ）も使えます。

参考 ▶ **Everything was cooked to perfection.**　すべて完璧な仕上がりですね。

▶ **Everything was just right.**　すべてがいい具合ですね。

9 Thank you for the wonderful dinner.
素晴らしい夕食、ごちそうさまでした。

礼儀正しいほめ言葉です。気持ちを込めた言い方をしましょう。wonderful は温かい気持ちを表します。great では、あまりにも月並みに聞こえます。

参考
▶ **It was a very nice meal.** とてもおいしくいただきました。
▶ **I have only one word to say, excellent.** 素晴らしかった、の一言です。＊excellent の代わりに perfect も使えます。

10 Everyone was impressed with your cooking.
全員があなたの手料理に感激しました。

ずばりと単刀直入にほめる表現です。食事の後だけでなく、後日、相手と会ったときにも使えます。

参考
▶ **We all thought your cooking was very good.** 私たちはみんな、あなたの手料理がとてもおいしいと思いました。
▶ **Your wife's cooking is really amazing.** 奥さんの手料理はまったく素晴らしいですね。

会話例

A: Thank you for the wonderful dinner.
B: My pleasure. I'm glad you liked it.
A: Everything was very good, but I especially liked the veal parmigiana.
B: Yes, it's a nice way to make the veal.
A: 素晴らしい夕食、ごちそうさまでした。
B: どういたしまして。お口に合いましたか。
A: 全部おいしくいただきましたが、特に子牛肉のカツレツが絶品でしたよ。
B: 子牛肉はああやって料理するとおいしいんですよね。

33 パーティーの主催者をほめる
Complimenting Someone on the Party They Had

　おいとまする際に使うほめ言葉です。パーティーは社会的なネットワークを広くするのに、とても大切なものです。堅苦しく考えず、とにかくパーティーを楽しみましょう。おいとまするときには、パーティーが楽しかったこと、流れていた音楽や出された食事が素晴らしかったこと、招待してくれたことに対するお礼などを、率直に表現するのも、パーティーの主催者へのほめ言葉になります。ホストやホステスだけでなく、ほかの家族のことをほめることもできます。お世辞に聞こえないように、心を込めて感謝することが大切です。

1 Your party was wonderful.
素晴らしいパーティーでした。

　帰りぎわによく使う、率直なほめ言葉です。wonderful を delightful に代えると、もっと丁寧で改まった表現になります。

[参考] ▶ **I enjoyed myself very much.**　とても楽しませていただきました。
　　　▶ **I enjoyed your party.**　とても楽しいパーティーでした。

2 I had a good time.
とても楽しい時間を過ごしました。

　会話でよく使うシンプルな表現です。good の代わりに、great（最高の）、magnificent（素晴らしい）、stupendous（とてつもなく素敵な）、incredible（驚くほど素晴らしい）、phenomenal（ものすごく素敵な）などが使えます。

[参考] ▶ **It was great.**　最高でした。
　　　▶ **I had a blast.**　とても愉快でした。＊かなりざっくばらんな表現。

3 Thank you so much for inviting me.
ご招待いただき、ありがとうございます。

招待されたことに感謝する表現です。so をできるだけ長く、強調して発音すると、心からお礼を言っている感じが伝わります。

参考
- ▶ **It was very kind of you to invite me.** ご親切にご招待に預かりまして。＊kind のほうが nice より丁寧になる。
- ▶ **I so appreciate your having invited me here tonight.** 今晩はお招きに預かり、本当にありがとうございました。
- ▶ **It was nice of you to have me over.** 招待してくださって、ありがとうございました。＊会話的な表現。

4 I met so many interesting people.
楽しい方たちと知り合いになれましたよ。

改まりすぎることも、くだけすぎることもない自然な感じの表現で、パーティーなどでよく使われます。interesting の代わりに fascinating を使えば、もっと改まった感じになります。

参考
- ▶ **I liked all the guests.** 楽しい方ばかりでした。
- ▶ **I had so many wonderful conversations with people.** すごく会話がはずみましたよ。

5 Your taste in music is really great.
音楽の趣味がいいんですね。

相手の趣味を具体的にほめる、会話的な表現です。

参考
- ▶ **You played such nice music.** 素敵な音楽でした。＊実際にホストが演奏した場合にも、CD などをかけた場合にも使える。
- ▶ **You know so much about good music.** 音楽に造詣が深いんですね。＊classical music のように、ホストの趣味をもっと具体的に示すこともできる。

6 The food was wonderful.
おいしい食事でした。

この種の表現は会話でよく使われます。オーバーすぎない表現なので、お世辞にとられることはありません。wonderful を少し長めに発音すると、心がこもった表現になります。

[参考] ▶ **You served really nice food and drinks.** 本当においしい食事と飲み物をありがとうございました。＊事務的な感じを与えるので、really nice を強調すること。
▶ **The dinner was magnificent.** 素晴らしい食事でした。

7 I have to invite everyone to my place next.
みなさんを今度はわが家にお招きしなければ。

かなり親しい友人に使う、少しくだけた表現です。しかし、どちらかというと儀礼的で、実際に招待しているわけではありません。そのため、あまり親しくない人に使うと、口先だけで、実際には招待する気は微塵もない、というニュアンスになるので注意が必要です。

[参考] ▶ **Please come over to my place when you have the chance.** 機会がありましたら、ぜひわが家へもいらしてください。＊パーティーだけでなく、普通に家に誘う場合にも使える。

8 I hate to have to leave so early.
こんなに早くおいとまするのは残念なのですが。

パーティーを早めにおいとまするときは、言葉だけでなく、もっとゆっくりしていたいという気持ちを表すのがマナーです。「本当は帰りたくないのですが…」というニュアンスをも持たせることが大切です。hate は、気配りをしながら感情を伝える場合に、よく使われます。

[参考] ▶ **I want to stay longer.** もっとゆっくりしていたいのですが。
▶ **I don't want to leave so soon.** こんなに早くおいとましたくないのですが。

33 パーティーの主催者をほめる

9 Your wife is a charming woman.
魅力的な奥様ですね。

ホスト以外の人に向けたほめ言葉です。charming は見た目だけでなく、人柄にも使える言葉です。一般的に、だれかの配偶者に対して attractive、beautiful、handsome などは、実際にそうであっても使いません。見た目よりもむしろ kindness、intelligence、wit など、性質について言及するのが普通です。

参考
▶ **Your husband is a man of amazing talents.** ご主人は素晴らしい才能をお持ちですね。
▶ **I'm sure your son will go far in this world.** ご子息は成功されるでしょうね。＊子どもに対するほめ言葉は、成績や将来性についてよく使われる。
▶ **Your mother is so easy to talk with.** 気さくなお母様ですね。

会話例

A: I had a very pleasant time this evening.
B: I'm glad you enjoyed the party.
A: I met so many people and had many interesting conversations.
B: That's good. I hope you'll be able to come to the next party I have.

A: とても楽しい晩でした。
B: パーティーを楽しんでいただけてうれしいです。
A: いろいろな方と話がはずみましたよ。
B: それはよかった。また次のパーティーにもぜひいらしてください。

34 相手に興味を示す
Showing an Interest in a Person

相手に興味を示すのも、ほめ言葉です。相手に関心があると伝えることは、相手に称賛の気持ちを伝えることになります。「また会いたい」とか「もっとあなたのことを知りたい」と言うと、相手への関心は伝わります。もっと遠回しに、共通の関心事があると言うこともできます。ほめ言葉は、相手と共通の認識があることを表し、人間関係をスムーズにする働きをします。

1 I'm very interested in you.
あなたに関心があります。

相手に関心があることを率直に伝える会話表現です。この種の表現を異性に使う場合には、恋愛感情や性的な興味と受け取られないように、注意が必要です。

[参考] ▶ **I like you.** 私はあなたのことが好きですよ。＊間接的に興味を示す表現（好意を示す＝相手に興味がある）。
▶ **I'm interested in your work.** あなたの仕事に興味があります。＊in のあとで、そのとき相手が話していた内容についてふれることもできる。

2 I find you very interesting.
あなたはおもしろい人だったんですね。

一般的に使える表現です。find は、そのときに気づいた、という意味で、I think you're ... と基本的には同じニュアンスです。

[参考] ▶ **You're a very unique person.** ユニークですね。
▶ **There's something mysterious about you.** どこか気になる人ですね。＊There's something ... は、きちんと理由が説明できない場合に使う。

3 I hope we can spend more time together.
もっとご一緒できるといいのですが。

「もったびたび会いたい」という欲求を示す、どちらかというと丁寧表現です。

[参考] ▶ **I want to spend more time with you.** もっと一緒に過ごしたいですね。＊ストレートな表現。

4 I want to see you again.
またお会いしたいですね。

相手に「あなたに関心があります」と伝える、やや遠回しな表現です。

[参考] ▶ **I hope we can meet again soon.** またすぐにお目にかかれるといいですね。＊やや改まった表現。

▶ **I look forward to our next chance to meet.** 次にお目にかかるのを楽しみにしています。＊やや改まった表現。

5 I'm really glad I met you.
お会いできてとてもうれしいです。

相手に「これからも関係を続けていきたい」と伝える言い回しです。glad は pleased や delighted などに代えられます。

[参考] ▶ **I feel very fortunate to have met you.** お目にかかれて幸いです。＊やや改まった表現。lucky を使うと、もっとシンプルな表現になる。

6 I want to know more about you.
あなたのことをもっと知りたいです。

一般的な表現です。場合によっては、相手への興味ではなく、頼み事をされたが躊躇しているので、注意が必要です。

[参考] ▶ **Could you tell me more about yourself?** もっとあなた

のことを話していただけますか。＊やや改まった表現。普通の会話では Could you を省略する。

7 I'd like to get to know you better.
もっとお近づきになりたいです。

「もっと親しくなりたい」とか、「懇意になりたい」と伝える表現です。

参考 ▶ I'd like to hear more about your experiences.　もっと体験談をうかがいたいです。＊about 以下をもっと具体的にすることができる。

8 I think there's a lot we can talk about.
いろいろと話せることがありそうですね。

相手と共通の話題があり、会話がはずみそうだということを伝える会話的表現です。

参考 ▶ There are many things we can share.　共感できることがたくさんあります。
　　　▶ We have a lot in common I think.　共通点がたくさんありそうですね。

9 Has anyone ever told you that you are quite clever?
だれかからすごく頭がいいと言われたことはありませんか。

自分の意見としてではなく、第三者を前面に出してほめるという遠回しな表現なので、お世辞を言う場合によく使われます。clever のほかに、talented（才能がある）、attractive（魅力がある）、sexy（セクシーな）などがあります。同じ方法で、批判する場合にもよく使います。形容詞には、stubborn（頑固な）や bossy（親分風を吹かす）などが入ります。

参考 ▶ You have many fascinating ideas.　素晴らしいアイディアをお持ちですね。＊ideas は opinions に代えてもよい。

▶ **Your point of view is very refreshing.**　あなたの視点はとても斬新ですね。

10 You have a very warm heart.
とても思いやりがある方ですね。

相手の性格に興味があることを示すほめ言葉です。warm は、good や kind にすることもできます。

[参考]　▶ **You're a good person.**　いい人ですね。
　　　▶ **You have character.**　芯の強い方ですね。＊be a character（おもしろい人）と混同しないように注意。

会話例

A: I find your ideas about the Chinese market very interesting.
B: Yes, I think it would be a good way to increase our market share.
A: I want to know more about your plans for the EU, too.
B: Yes, thank you for asking. I've been developing a model for integrating our operations more fully there.

A: 君の中国市場についてのアイディアはとても興味深いよ。
B: はい、マーケットのシェアを増やすにはよい方法だと思っています。
A: EU についての君のプランについてもっと知りたいね。
B: ありがとうございます。今、EU での事業を完全に統合するためのモデルの開発にかかっています。

35 相手に敬意や称賛を示す
Expressing Admiration for a Person

　立場が上の人に使う表現です。相手に敬意を示すということは、ほめることと同じです。態度や言葉で婉曲に敬意を示すよりも、はっきり「尊敬しています」と述べるほうが、より改まったものになります。ですから、社会的地位が自分よりも上の人には、I admire you. のような表現がよく使われます。ただし、口先だけのお世辞にならないようにすることが大切です。特に相手の資質についてのほめ言葉は、注意が必要です。同じような立場の人や、立場が下の人に使う場合には、たいてい好意的に受け取られるので問題ありませんが、立場が上の人の場合には、媚びていると思われるからです。それでも、うまく敬意や称賛を示すことができれば、信頼関係が深まるはずです。

1 I respect you.
尊敬しています。

　直接的な、改まったほめ言葉です。

[参考]
- ▶ **I have a deep respect for you.**　とても尊敬しています。
  * deep は great に代えてもよい。
- ▶ **I have nothing but respect for you.**　ひたすら尊敬しています。
- ▶ **I'll always respect you.**　常に敬意を払うことでしょう。＊過去に何があったとしても、というニュアンスを含んだ表現。

2 I really respect your character.
あなたの人格を尊敬しています。

　1をもっと具体的にした表現です。何を尊敬するのかを、はっきり示します。もっと硬い表現にするなら、your character を sense of honor（道義心）に代えます。

[参考]
- ▶ **I respect your decision.**　ご英断ですね。＊異義はあるが尊重する、という意味合いで使うことが多いので注意。

3 I admire you.

あなたには敬服いたします。

とても強い気持ちのこもったほめ言葉です。admire には、「その人のようになりたい」という気持ちが込められています。respect は、その人のようになりたくない場合でも使えます。また、admire は、相手がしたことに同意している、という意味合いがあります。

[参考] ▶ **I admire your determination.** あなたの断固たる意志には敬服します。＊determination は、keen mind（熱心な考え）、courage（勇気）、leadership（リーダーシップ）、creativity（創造性）、knowledge（知識）、drive（やる気）などに置き換えられる。

▶ **I have great admiration for you.** あなたには大いに感服します。＊for your ... とすればより具体的になる。

4 I have high regard for you.

あなたのことをとても尊敬しています。

尊敬を表す、改まった表現です。high regard は a high regard としても同じ意味です。

[参考] ▶ **I think highly of you.** あなたのことを高く評価しています。＊礼儀正しい表現。

▶ **I look up to you.** 尊敬しています。＊シンプルな表現。

5 I wish to be like you.

あなたのようになりたいです。

「あなたのようになりたい」というのは、敬意を表すのによく使われる言い回しです。

[参考] ▶ **I hope someday I can be like you.** いつかあなたのようになりたいと思っています。＊気配りを感じさせる表現。

6 You've taught me a lot.
いろいろ教えていただきました。

どんな状況でも使える、あたりさわりのない表現です。

[参考] ▶ I've learned a lot from you.　あなたからたくさんのことを学びました。
　　　▶ You've shown me many things.　いろいろなことを教わりました。
　　　▶ You've influenced me in many ways.　あなたは私にいろいろな意味で影響を与えました。

7 There's much I can learn from you.
あなたから学ぶことはたくさんあります。

今後のことについて敬意を表する会話表現です。much を使うことで焦点が一般的なことに当てられているので、相手の幅広い知識などをほめることにつながります。

[参考] ▶ You can teach me many things.　いろいろと教えられます。

8 You're amazingly talented.
驚くほど才能をお持ちでいらっしゃいますね。

お世辞としても、心からそう思っている場合でも使えます。

[参考] ▶ You're a person of many talents.　多才な方ですね。
　　　▶ You are one of the most talented people I know.　あなたは私が知っている中で最も有能な人々のひとりです。

9 You have so many gifts to offer the world.
あなたは世界にとても貢献していらっしゃいますね。

基本的には改まった表現で、相手の貢献度を称える言い方です。

[参考] ▶ You've made such a great contribution to promoting

international understanding.　国際的理解を促進するために多大な貢献をなさっていますね。
▶ **You've done so much to help other people.**　人助けにとても尽力されていますね。＊シンプルな表現。

10 I'm in awe of your business sense.
あなたのビジネスセンスには脱帽です。

相手の知識や特技に敬意を表する改まった言い方ですが、くだけた文脈でもよく使われます。be in awe of ...（…に畏敬の念を抱く）は、驚きなどの強い感情を表します。

[参考]
▶ **Your sports ability is awesome.**　あなたの運動能力はすごいですね。＊具体的なものに使える。
▶ **Your scholarship is first rate.**　あなたはものすごく博識ですね。＊first class、world class、the best などにも代えられる。

会話例

A: I admire your accomplishments in mass marketing.
B: Yes, I've made a few improvements in the system our company uses.
A: A few? Sales have increased by over 50%. It's really amazing.
B: Well, thank you for the compliment. Without dedicated staff like you supporting me, I don't think I could have done it.

A: 大量販売（マスマーケティング）でのあなたの業績には敬服します。
B: ええ、弊社が使用するシステムを少し改良したんです。
A: 少しですって？　売り上げは 50% 以上あがったんですよ。驚きです。
B: いえいえ、おほめいただきありがとうございます。あなたのような献身的なスタッフの助けなしには、成しとげられなかったと思いますよ。

36 自宅に人を招待する
Encouraging Someone to Visit You

　自宅に招待するときの表現です。人を誘うのは、相手を励ますことにつながります。自宅に人を招くのは、その人をもっと知るための早道です。親交を深めるため、パーティーに誘うのもいいでしょうし、じっくり話す機会を持つため、少人数の集まりに招待することもできます。

1 Drop by for a cup of coffee sometime.
いつかコーヒーでも飲みにいらしてください。

　訪問日時を決めない、カジュアルな誘い文句です。相手は好きなときに訪問することができるので、気軽な誘いになります。stop by も使えます。

[参考]
- **Drop by anytime.**　いつでもどうぞ。
- **Drop by whenever you feel like it.**　いつでもお気軽にお立ち寄りください。

2 I'm usually at my place in the evening.
夜はたいてい家にいます。

　会話でよく使う表現で、いつなら立ち寄れるかを相手に示しています。

[参考]
- **Most weekends I'm not busy.**　週末はあまり忙しくないです。
- **Just give me a call before you come.**　来る前にちょっと電話してください。

3 If you have the time, why don't you visit me at my place sometime?
お時間がありましたら、いつか私のところへいらしてください。

　why don't you ... を使っているので、親しげな感じを与えます。

[参考]
- **I'd like to show you my place sometime.**　いつかわが家

をお見せしたいですね。
▶ You should come by for a visit sometime.　いつかぜひお立ち寄りください。

4 If you're free tonight, I can cook you dinner at my place.
今夜空いているようなら、うちで夕食をどうですか。

話の流れで相手に「うちに来ませんか」と提案をする、くだけた会話的な表現です。

[参考]
▶ You could come over to my place for a beer after you get off work.　仕事が終わったら、うちにビールでも飲みに来ませんか。
▶ Do you want to come to my place for a drink tonight?　今晩、うちに飲みに来ませんか。

5 I'd like to invite you to my home for dinner on Saturday.
土曜日にわが家の夕食にご招待したいと思います。

パーティーや夕食会などへの正式な招待です。

[参考]
▶ I'm having a party on Saturday, and I'm wondering if you perhaps might like to come.　土曜日にパーティーがあるんですが、おいでになりたいかもしれないと思いまして。
＊ためらいながらの、丁寧な言い方。

6 Keep your schedule open next Saturday night.
次の土曜の夜を空けておいてください。

理由を言わずに、スケジュールを空けておいてほしいと言うのは、だれかを招待する、ざっくばらんなやり方です。「どうして？」と相手の関心を高める効果があります。

[参考] ▶ **You got to come to my house this Saturday.** 今度の土曜日に私の家に来てください。

7 There's a lot we could talk about.
お話しできることがたくさんありますよ。

「あなたのことをもっと知りたい」という意味合いが含まれています。1人だけか、せいぜい2～3人の集まりに招待するときに使う会話的表現です。

[参考] ▶ **There's so many things I want to talk to you about.**
あなたとおしゃべりしたいことがたくさんあります。

8 I have few visitors.
ほとんど訪ねてくる方がいないんですよ。

単に事実を述べたものですが、「だから家に訪ねて来てほしい」という婉曲表現になっています。

[参考] ▶ **People rarely visit me at home.** めったに家に来る人はいないんです。

9 Invite one of your friends if you like.
よろしければお友達といらしてくださいね。

ややくだけた会話表現です。ほかの人を連れて来てもいいということで、相手を気楽にさせ、歓待の気持ちを表します。何人連れて来てもよければ、one を some に代えます。

[参考] ▶ **Ask your wife to come.** 奥様とご一緒にどうぞ。

10 I don't have much in the refrigerator, but why don't you come over anyway.

大したものはありませんが、とにかくいらっしゃいませんか。

この種の言い回しは、ゲストにあまり多大な期待をしないようにと頼むカジュアルな言い方ですが、謙遜も含まれています。

[参考] ▶ **I can't offer you a feast, but there will be good food.**
ごちそうというわけにはいきませんが、ちょっとしたものならお出しできます。

▶ **I'll show you what Japanese people usually eat.** 日本人がいつもどんなものを食べているのかお見せしましょう。＊普段の食事を出すということ。

会話例

A: I'm having a small party at my apartment this Friday, and I was wondering if you might like to come.
B: A party? That sounds nice. I haven't been to a party in a long time. What time does it start?
A: At seven. I've invited some of my friends from work. If you want, you can ask some of your friends to come too.
B: OK. Well, I'll see you at seven then on Friday. Oh, by the way, I almost forgot. Should I bring anything?

A: 今度の金曜日にちょっとしたパーティーを開くのですが、おいでいただけないかと思いまして。
B: パーティーですか。いいですね。もうずっとパーティーには行っていません。何時に始まるのですか。
A: 7時です。同僚が何人か来ます。よろしければ、お友達もお誘いください。
B: わかりました。では、金曜日の7時に。ああ、もう少しで忘れるところでした。何を持っていきましょうか。

IV章

お礼の言葉・励ましの言葉

Thanking People for Their Nice Actions or Encouraging Them in Their General Circumstances

37 手伝ってくれた人に感謝する
Complimenting Someone for Helping You

いろいろな感謝の表現です。何かをしてもらったら、お礼を言うのは社会生活の基本です。ビジネスだけでなく、日常生活でも、手助けしてくれた人には必ず感謝の気持ちを表しましょう。特に、仕事でかかわりのある人や、特別に親しいわけではない場合にはなおさらです。人間関係をスムーズにしてくれます。

1 You helped me very much.
いろいろと助けていただきました。

シンプルな会話表現です。very much は、a lot、a great deal、so very much に代えられます。

[参考] ▶ **You've helped me in so many ways.**　いろいろな意味で助けていただきました。

▶ **You assisted us in resolving a serious problem.**　深刻な問題の解決にお力添えをいただきました。＊仕事の場でよく使われる。resolve は solve、overcome、get over にすることもできる。

2 You've been of great help to me.
本当に助かりました。

よく使われる表現です。現在完了形が使われているので、助力が過去から現在まで続いていることを表します。

[参考] ▶ **You've done so much for me.**　とてもよくしていただきました。

▶ **You've been of such a tremendous assistance to us.**　多大なお力添えをいただきました。＊やや改まった表現。

▶ **You've been a big help.**　助かったよ。＊くだけた表現。You're a big help. と現在形で言うと、皮肉と受け取られることもあるので注意が必要です。

3 I'm so glad you were able to help me.
手伝ってくれてありがとう。

よく会話で使われる言い回しです。

[参考] ▶ **I'm glad you helped me out with the paperwork.** 書類を作るのを助けてくれてありがとう。＊with 以下を代えることで、具体的に感謝できる。

▶ **We're very pleased that you could assist us in this matter.** 本件でご助力いただいたことを本当にうれしく思っています。＊pleased は glad の、assist は help の改まった表現。

4 I was lucky to get your help.
助けていただけてラッキーでした。

この表現は、特に改まったものでもくだけたものでもありません。会話で使う言い回しです。

[参考] ▶ **I was fortunate to receive your help.** ご助力を得られて幸運でした。＊fortunate は lucky のやや改まった表現。

▶ **Your help proved to be very timely in this project.** あなたの助けはこのプロジェクトにおいて非常に時宜を得たものでした。

5 I couldn't have done it without you.
あなたなしでは成しとげることはできませんでした。

相手が果たした役割を強調して感謝する表現です。

[参考] ▶ **Without your help, things would have gone very badly.** あなたの助けがなかったら物事はうまく行かなかったでしょう。

▶ **You really turned things around for me.** あなたのおかげで物事がうまく運びました。＊turn things around は、悪い状況を好転させるという意味の慣用表現。

6 I owe you one.
1つ借りですね。

感謝とともに、「次回はこちらがお返しをしますよ」という意味合いを含んだ、くだけた言い回しです。

参考 ▶ **I'm in your debt.**　あなたには借りがあります。＊改まった表現。
　　 ▶ **I won't forget this.**　この恩は決して忘れません。

7 You didn't have to help me, but you did.
あなたは私を助ける必要はないのに、助けてくださいました。

こちらから助力を求めたわけではないのに、相手が進んで手を差し伸べてくれた場合に使われる表現です。

参考 ▶ **I still don't know why you helped me, but it means a lot to me.**　なぜ私を助けてくださったのかまだわかりませんが、本当にありがたいです。
　　 ▶ **Your assistance was very unexpected, but welcome.**
　　　　予期せぬご助力でしたが、喜んで受けさせていただきます。＊改まった表現。

8 Thanks to you, everything is going quite well.
おかげさまで、すべてがかなりうまく行っています。

当事者間で使う表現です。Thanks to you の後ろには、今の状況がとてもよい理由を述べます。称賛する場合には、Because of も使えます。

参考 ▶ **Because of your assistance, our sales have improved dramatically.**　あなたのご助力のおかげで、売上高は劇的に伸びております。

37 手伝ってくれた人に感謝する

9 I want to thank you for all your help.
すべてのご協力に感謝申し上げます。

この表現は、Thanks for your help. の強調形です。心からの感謝を表すときに使います。I'd like to ... を使うと、もっと丁寧になります。

参考 ▶ **I'm very grateful for all your help.** あなたのすべてのご協力に非常に感謝しております。＊丁寧でやや改まった表現。

▶ **I don't know how to thank you for all your help.** あなたのすべてのご助力に対してどうやって感謝したらよいかわかりません。

10 I wish to thank you in advance for your assistance in this matter.
この件に関するご支援をあらかじめ感謝申し上げたいと存じます。

改まった表現で、相手が援助をする前に感謝をすることです。

参考 ▶ **We're counting on your assistance in this project.** このプロジェクトに関するご支援を期待しております。

▶ **We trust you will be able to assist us in the future.** 今後のご支援を何とぞよろしくお願いいたします。

会話例

A: Thank you for all your help.
B: You're welcome. I'm glad things turned out so well.
A: I am too. I'm really in your debt.
B: Don't mention it. I thought it was the least I could do.

A: いろいろとありがとうございました。
B: どういたしまして。事態が好転して私もうれしいですよ。
A: 私もです。大きな借りができましたね。
B: 気にしないでください。最低限のことをしただけですから。

38 助言してくれた人に感謝する
Complimenting Someone for Their Advice to You

　同意してもしなくても、まずは感謝することが大切。助言は、相手があなたやプロジェクトに関して、ポジティブに考えてくれていることの表明です。耳を傾けて、まずは、助言してくれた人に感謝しましょう。アドバイスを受け入れるかどうかは、また別の問題です。せっかくの助言を頭から否定したり、無視したりするのはマナー違反ですし、人間関係を悪くさせます。

1 That's really good advice.
本当に貴重なアドバイスです。

　アドバイスに対する賛辞ですが、同意しているかどうかは不明です。good を excellent や sound にするともっと改まった感じになります。

[参考] ▶ That's a very reasonable suggestion.　とてもごもっともな提案ですね。

▶ That's a good point.　よい指摘ですね。＊会話的な表現。

2 I think you're right.
あなたが正しいと思います。

　会話的な言い方で、相手のアドバイスに同意していることがわかります。ただし、それに従うかどうかはわかりません。

[参考] ▶ You're so right about what you say.　あなたのおっしゃっていることはとても正しいです。

▶ I trust your judgment.　あなたのご判断を信頼します。＊改まった表現で、相手の知識への尊敬を伝える。

3 Your analysis of the situation is correct.
あなたの状況分析は正確ですね。

　相手に「問題の本質をとらえていますね」と伝える、どちらかというと

改まった表現です。アドバイスだけでなく、相手のどんな意見に対しても使えます。

[参考] ▶ Your comments are to the point.　あなたの意見は的を射ています。

4 What you say is true.
その通りです。

相手の指摘が正しいことを表す言い回しですが、それに従うかどうかはわかりません。

[参考] ▶ There's much truth to what you say.　おっしゃることには一理あります。＊部分的な同意を示す。
▶ The point you make is valid.　ご指摘はごもっともです。＊改まった表現。valid は true よりも論理的な根拠がしっかりしているときに使用する。

5 I couldn't have said it better myself.
私自身でもそれ以上うまくは言えなかったでしょう。

「言い得て妙ですね」と、相手に全面的に同意する表現です。

[参考] ▶ That's exactly what I was thinking.　それはまさに私が考えていたことです。

6 I'll keep that in mind.
肝に銘じておきます。

「考えておきます」という言い回しは、アドバイスを受け入れるつもりはないけれども、それをはっきり言うことは避けたい場合に使われます。会話でよく使う表現です。

[参考] ▶ I'll give it serious thought.　じっくり考えてみます。＊やや改まった表現。
▶ I'll think about it.　考えてみます。

7 I'm glad you brought that up.
あなたがそのことを提起したのをうれしく思います。

この種の言い回しは、示されたアドバイスに同意するのではなく、「話し合いましょう」という意味合いを含んでいます。本当に意欲的に話し合いたい場合でも、現時点での議論を避けたい場合でも使います。

参考 ▶ That's an interesting question.　おもしろい質問ですね。
　　 ▶ We should talk about that.　私たちはそれについて話し合うべきです。＊前向きに話し合うことを提案する表現。

8 Your advice really changed my life.
あなたのアドバイスは本当に私の人生を変えましたよ。

「相手のアドバイスを受け入れたら、よい結果になった」という表現です。アドバイスを受けてから、一定の期間を置いて使います。

参考 ▶ You've given me a new perspective on things.　あなたのおかげで物事に対する見方が変わりました。＊かなり改まった表現。
　　 ▶ Your advice was very useful.　本当に役に立つアドバイスでしたよ。

9 Thanks to your advice, I made a lot of money on the stock market.
おかげさまで株でものすごく儲けましたよ。

Thanks to your advice, ...（おかげさまで…でした）は、その人のアドバイスで特別な結果が出たときに使います。

参考 ▶ The business deal went through, thanks to your advice.　おかげさまで取引がうまく行きました。
　　 ▶ Your advice was excellent. Everyone said I did a great job on the project.　あなたのアドバイスは素晴らしかったです。みんながプロジェクトでいい仕事をしたと言ってくれまし

た。＊2つの文を組み合わせると、いろいろな状況に使える。

10 You've been very helpful.
助かりました。

思いも寄らない情報や忠告を受けたあとに使う表現です。

[参考] ▶ **What you said is actually quite helpful to me.** あなたのおっしゃったことは、実のところものすごく役に立っています。＊相手が言っていたことは役に立たないかもしれないと思っていたが、とても有益だったというニュアンス。

▶ **Your advice was helpful.** あなたのアドバイスは役に立ちました。＊ほどほどの感謝を表す。

会話例

A: Our company should become more involved in the alternative energy area. And we should do it soon before too many other companies get established in this field.
B: I think your advice is good. I trust your judgment in this matter.
A: It's a really good opportunity for us.
B: I believe you're right. But I need more specific information on the ways we can get involved. Do you have any ideas?

A: 弊社は代替エネルギーの分野にもっとかかわるべきです。ほかの多くの会社がこの分野に進出する前に、すぐにやらなければ。
B: よいアドバイスだと思います。この件でのあなたの判断を信頼します。
A: 本当にものすごいチャンスなんです。
B: そうだとは思いますが、それを実行するにはもっと具体的な情報が必要です。何か考えはありますか。

39 親切にしてくれた人に感謝する
Complimenting Someone on Their Kindness

　ビジネスだけでなく、日常にも使える感謝の表現です。「あなたは親切な人ですね」というのは、素晴らしいほめ言葉です。特にビジネスにおいては、重要な意味を持ちます。「親切な方ですね」という表現は、ほめ言葉であると同時に、感謝の気持ちが混ざり合ったものなのです。言い方にはさまざまなバリエーションがありますので、状況に合うものを選んで使ってください。

1 You've been so kind to me.
あなたはとても私に親切にしてくださいました。

　直接的だが丁寧な言い方です。現在完了形は、現在だけでなく、過去にさかのぼって感謝していることを強調するのによく使われます。

[参考]
- ▶ **You've done so many things for me.**　あなたは私にいろいろなことをしてくださいました。
- ▶ **You did me a great favor.**　本当に親切にしていただきました。

2 You've shown me such kindness.
こんなにも親切にしていただきました。

　相手に「ありがとうございます」と伝える、どちらかというと硬い感じの言い回しです。

[参考]
- ▶ **You've treated me with such kindness.**　とても親切に遇していただきました。
- ▶ **You've had only kindness for me.**　いつも親切にしていただきました。

3 I must admit that you're a better person than I am.

あなたは私よりずっと優れていると認めざるをえませんね。

相手の知識や経験が自分のそれを上回っていること認める、かなり改まった表現です。

[参考]
- You know more things than I do.　あなたは私よりずっといろいろなことをご存じです。
- You are so wise.　あなたは博識ですね。
- I have a lot to learn from you.　あなたから学ぶべきことはたくさんあります。

4 I've never seen such kindness.

こんなに親切な行為を今まで一度も受けたことがありません。

相手の親切さに驚きを示すことで、素晴らしい敬意を表す、謙虚な表現です。

[参考]
- I'm surprised by your kindness to me.　あなたの私へのご親切に驚いています。
- I've never met such a nice person as you.　あなたのような親切な方に会ったことはありません。

5 I appreciate your support.

ご支援に感謝いたします。

どちらかというと改まった感謝の表現です。Thank you. が場合によって、皮肉にとられることがあるのに対し、この表現は皮肉な意味をまったく含みません。

[参考]
- I appreciate your kindness.　ご親切に感謝いたします。
- I'm glad that you have such kind feelings to me.　そのように親身なお気持ちをかけていただいてうれしいです。＊相手が庇護者であるというニュアンスがある。

6 I must insist on thanking you for your kindness.
あなたのご親切に感謝すると強く申し上げなければなりません。

相手が「大したことではありませんよ」と、自分の親切を否定する場合に使う、やや改まった表現です。

[参考] ▶ **Your kindness knows no limits.** あなたのご親切はとどまるところを知りませんね。
▶ **You are most kind.** あなたはとてもご親切ですね。

7 You have a good heart.
あなたはとても思いやりがありますね。

「あなたは思いやりがあります」と言うのは、究極のほめ言葉です。

[参考] ▶ **You're a kind person.** あなたは親切な方ですね。

8 You're a true friend.
あなたは真の友人です。

相手の親切な気持ちと、その人への感謝の意味合いを含んだ、事実を述べた表現です。

[参考] ▶ **You're a saint.** あなたは聖人のような方ですね。＊やや誇張した表現。
▶ **You're a lifesaver.** あなたは命の恩人です。＊誇張した表現。

9 I don't know how to thank you for your kindness.
どうやったらあなたの親切に感謝したらよいかわかりません。

「どう感謝していいかわからない」という表現は、どちらかというと硬い表現です。別な表現で、十分に相手に感謝と称賛を表せます。

[参考] ▶ **It was very kind of you to help me.** 助けてくださってありがとうございます。

10 I don't know why you did this for me.
どうしてこんなによくしてくださるのかわかりません。

相手の親切に対する驚きを示す、自分より地位や立場がかなり上の人に使う表現です。for 〜（〜のために）が、何か利益になることをしてくれたことを表します。to 〜では、反対の意味になります。

参考 ▶ **I'm surprised by your kindness.** あなたのご親切に驚いています。

▶ **Why have you been so kind to me?** どうしてこんなに親切にしてくださるのでしょう？＊会話的な表現。

会話例

A: You're a kind person. You've done so much to help me. Sometimes I wonder why.
B: Why do you say that? You are quite talented. It'd be a shame to see your talents go to waste.
A: At any rate, I appreciate all the support you've given me.
B: Well, I'm just glad I've been able to be of some help. It makes me feel good to see how well your career is going.
A: あなたは親切な方ですね。本当にいろいろと助けていただきました。ときどきどうしてなのか不思議に思います。
B: どうしてそんなことをおっしゃるのですか。あなたにはとても才能があります。あなたの才能を無駄にするのはもったいないですからね。
A: いずれにせよ、あなたにしていただいたご支援に感謝いたします。
B: まあ、いくらかでも助けになれてうれしく思います。あなたのキャリアがどれくらいうまく行くかを見ると、いい気分ですよ。

40 贈り物に添える言葉
Complimenting Someone through a Gift

　贈り物に一言添える表現です。人に贈り物をするのは称賛の基本ですが、ちょっとしたものをパーティーなどに持っていく以外、英語圏では、私的な贈り物をするのは年に2回、クリスマスと誕生日に限られています。このほかに贈り物をする場合は、理由を伝えるのが一般的です。だいたい、英語圏では、贈り物をすることは、日本ほど社会的に重要ではありません。

1 I have a gift for you.
贈り物があります。

　この種の言葉は、どちらかというと会話的な言い方で、何かちょっとしたものを渡す前によく使われる表現です。

[参考] ▶ I brought a small gift for you. 　ささやかな贈り物を持ってきました。
　　　 ▶ I got you a little something. 　ちょっとしたものを持ってきました。

2 This is for you.
これをあなたに。

　贈り物を相手に手渡すときに言う、会話的な表現です。ほとんどの場合、プレゼントですが、例外的に宛名が書かれた手紙を渡すときにも使います。

[参考] ▶ This is a gift for you. 　あなたへのプレゼントです。
　　　 ▶ I want you to take this. 　もらってください。＊お金を贈る場合によく使用する。

3 Please accept this gift.
これを受け取ってください。

　2の、やや改まった表現です。with my thanks をつけ加えると、さら

(40) 贈り物に添える言葉

に丁寧な表現になります。

[参考] ▶ **I hope you'll accept this gift.** 受け取ってくださるとうれしいのですが。

▶ **I must insist that you take this gift.** ぜひ受け取っていただきたいです。＊相手が断らないように、依頼の形を使っている。

4 I just felt I should give you something for all your trouble.
あなたのお骨折りに対して何か差し上げたいと思いまして。

贈り物をする理由について述べた、会話的な表現です。trouble は time and effort（時間と努力）や hard work（重労働）などに代えられます。

[参考] ▶ **I thought I should get you something for your birthday.** お誕生日に何か差し上げたいと思いまして。

▶ **It seemed like a good idea to get something for you.** ちょっとしたものを差し上げるのはいい考えかなと思いまして。

5 This gift shows our appreciation for your support.
この贈り物はあなたのご支援に対する感謝の気持ちです。

賞などの正式な贈り物に添える、改まった決まり文句です。

[参考] ▶ **This gift is just a small token of my appreciation.** この贈り物はささやかな感謝の印です。

▶ **To show our appreciation we are presenting you with this commemorative plaque.** 感謝の意を示すために、記念の盾を贈呈いたします。

6 I hope it'll give you nice memories of our time together.
これが、ご一緒に過ごした素晴らしい思い出をあなたに伝えるものになるといいのですが。

別れぎわに、贈り物を渡しながら使う表現です。

参考 ▶ **This is something to help you remember your visit here.**　ここでの滞在を思い出す助けになるといいのですが。
　　　▶ **This is a going-away present.**　これはお餞別(せんべつ)です。

7 I got my bonus recently, so I have some extra money.
最近ボーナスをもらったので、少し余裕があるんですよ。

このくだけた表現には、「負担に感じないでください」という意味合いが含まれています。何か贈り物をするときだけでなく、レストランなどでおごる場合にも使えます。

参考 ▶ **Actually I got this for a very reasonable price.**　実際、ものすごく手頃な値段で手に入れたんですよ。
　　　▶ **We're friends and it's good to show our appreciation of our friends sometimes.**　友達なんだから、たまには友達に感謝の気持ちを示してもいいでしょう。

8 I hope you like it.
気に入るといいのですが。

会話でとてもよく使われる表現です。相手が贈り物を開ける前に使います。

参考 ▶ **I thought you'd like this.**　お気に召すと思ったのですが。
　　　＊贈り物が気に入らなかった場合にも使える。

9 This had your name written all over it.
一面にあなたの名前が書かれていましたよ。

とてもカジュアルで直接的な表現で、親しい人に使います。「あなたにぴったりに思える」という意味合いを含む、ジョークです。

参考 ▶ **This was you I thought.**　これは私が思っていたあなたその

▶ **I thought this would be perfect for you.** あなたにぴったりだと思って。

10 I just didn't know what to get you.
何をお贈りすればいいのかわからなかったので。

「お気に召さないかもしれませんが」という意味合いを含む、謙遜の表現です。相手の好みがわからなかった場合、普通、贈り物を渡すときに使いますが、相手が本当に気に入らなかった場合にも、一種の言い訳としても使えます。

参考 ▶ **I couldn't think of anything else to get you.** お贈りするものをほかに何も思いつきませんでした。

▶ **It was hard to think of what you might want.** あなたが欲しいかもしれないものを考えるのは大変でした。

会話例

A: This is a small gift for you. I hope you like it.
B: Why that's so nice of you. But you really didn't have to.
A: I thought I should give you something for all your help.
B: Well, I appreciate it. Is it OK if I open it now?

A: これはほんのお礼の気持ちです。お気に召すといいのですが。
B: ご親切にありがとうございます。こんなことをなさらなくてもよかったのに。
A: いろいろとお世話になったので、何か差し上げたいと思ったんですよ。
B: ありがとうございます。開けてみてもよろしいですか。

41 贈り物をいただいたときの言葉
Complimenting Someone Who Has Given You a Gift

　贈り物を受け取るときのほめ言葉です。贈り物をいただいた場合、相手に感謝するのは当然のことですが、贈り物自体についても何か一言添えるのがマナーです。贈り物のよいところをほめることも、相手のセンスをほめることもできるでしょう。それによって、人間関係を円滑にするとともに、相手と心が通い合います。

1 Thank you very much for the gift.
贈り物をありがとうございます。

　贈り物をいただいたとき、Thanks for the gift. では、あまりにもそっけなくて、気持ちが伝わらないような気がするため、少し長めの言い回しが好まれます。very much を長めに発音すれば、本当にうれしい気持ちが伝わります。appreciate や thoughtful は thank you よりも丁寧で、改まった言い方ですが、あまり感情がこもっていません。

[参考] ▶ I really appreciate this gift.　贈り物にたいへん感謝いたしております。

　　　 ▶ It was very thoughtful of you to give me a gift.　贈り物をしてくださるなんて、とても思いやりがおありなのですね。

2 I don't know what to say.
何と言ったらよいかわかりません。

　丁寧な感謝の表現で、思いがけない贈り物をもらった場合に使います。

[参考] ▶ I don't know how to thank you.　どうやって感謝したらよいかわかりません。

3 I love it.
とても気に入りました。

　どんな場面でも使えるシンプルな表現ですが、とても強い喜びを表す言

い方です。

参考 ▶ **It's perfect.** 完璧ですよ（すごく気に入りました）。
▶ **It's great.** 素晴らしい。

4 It's just what I wanted.
ちょうど欲しかったものです。

この種の言葉は、くだけた場面で使われる、決まり文句です。

参考 ▶ **You read my mind.** 私の心を読んだのですね。＊一種のジョーク。
▶ **How did you know that blue is my favorite color?** どうやって私の好きな色が青だとわかったんです？

5 What a pretty key holder!
なんてかわいいキーホルダーでしょう！

What を使った感嘆文は、強い感情を表すのに、いろいろな場面で使われます。同じような表現に How を使ったものがありますが、こちらは会話ではあまり使われません。ただし、How nice! のように、文章にしないものはよく使われます。

参考 ▶ **What nice flowers!** なんて素敵なお花でしょう！

6 This is a wonderful gift.
素晴らしい贈り物です。

とてもシンプルですが、効果的な表現です。

参考 ▶ **This is one of the nicest presents I've ever received.**
今までにもらった中でいちばん素敵なプレゼントです。＊たいてい、大げさ。
▶ **These are the most beautiful roses I've ever seen.** こんなにきれいなバラは見たことがありませんよ！＊たいてい、大げさ。

7 The design of this coffee cup is very unique.
このコーヒーカップのデザインはとてもユニークですね。

ありふれたものをほめるのは難しいものです。そういう場合、unique や interesting のような、さまざまなものに当てはめられる形容詞が役に立ちます。ほかにも、fascinating（魅惑的な）、striking（感動させる）、charming（魅力的な）、artistic（趣がある）、functional（機能的な）などが使えます。

[参考] ▶ I can see from this that you really know your wines.
この贈り物から、あなたがワイン通なのがわかりますね。
▶ You have good taste in music.　音楽の趣味がよろしいんですね。

8 You shouldn't have.
こんなことはすべきではありませんよ。

贈り物を受け取ったあとで使う表現です。「贈り物をいただいてうれしい」という感謝の気持ちと、「こんなことをしていただいては」という困惑を示しているので、お礼としては効果的です。

[参考] ▶ You didn't need to give me anything.　こんなことをする必要はなかったのに。
▶ You're too kind.　ご親切がすぎます。

9 I can't accept this.
これは受け取れません。

この種の表現は、贈り物を拒むときに使われます。あまりにも直接的だと思う場合には、It's a very nice gift, but... や I appreciate the thought, but... などを言ってから使います。逆に、贈り物をした相手にこう言われてしまったら、But I insist.（でも、ぜひ）とか、But I bought it especially for you.（でも、これは特にあなたのために買ったものですから）のような言葉を続けます。

41 贈り物をいただいたときの言葉

[参考] ▶ **I don't know if I should accept this gift.** この贈り物をいただくべきかどうかわかりません。

▶ **I don't think it would be right for me to accept this.** 私がこれをいただくって正しいとは思えないのですが。

10 You spent too much money.
高かったのではありませんか。

とても高価な贈り物をいただいた場合の称賛の言葉です。この種の表現には、自分が物欲しそうに見えないだろうか、とか、相手は何か見返りを欲しがっているのではないだろうか、などという疑いの気持ちも含まれています。

[参考] ▶ **It's too nice of a gift.** 素晴らしすぎる贈り物です。

▶ **You should have bought something simpler for me.** もっと当たり前なものを買ってくだされればよかったのに。

会話例

A: It's a great honor, but I feel I really can't accept this award.
B: But it is for all your years of dedicated service to our company.
A: Well, I really don't know what to say. I'm very moved.
B: We'll miss your presence here—your talents, your expertise, and your warm sense of humor.

A: 大変な名誉ですが、この賞はお受けできないと思います。
B: でも、これは弊社に対するあなたの長年にわたる献身的な勤務によるものですから。
A: 本当になんと言っていいかわかりません。感激です。
B: あなたがここにいなくなると寂しくなるでしょうね。あなたの才能、専門的技術、温かいユーモアのセンス…。

42 金銭の贈り物をいただいたときの言葉
Complimenting Someone on a Gift of Money

贈り物がお金であった場合の感謝の表現です。贈り物がお金であったとしても、感謝するのは自然なことです。おもしろいのは、普通の贈り物は断りにくいのに、マネーギフトは断りやすいという点です。なぜなら、お金は受け取った人でなくても、使うことができるからです。ビジネスの場であれば、寄付や献金、あるいはサービスなどの対価も一種のマネーギフトです。支払ってくれる相手は、当然、感謝されるか、称賛されます。

1 Thank you very much for the money.
お金をありがとうございます。

金銭をもらったのが、個人であっても、組織であっても使える、シンプルな感謝の表現です。

[参考] ▶ **The money is much appreciated.** そのお金はとてもありがたいです。

▶ **I thank you for your generous donation.** 寛大なご寄付をありがとうございます。＊組織の人が使う、改まった表現。

2 I'm very grateful for your help.
あなたのご協力にとても感謝しています。

間接的に、もらったお金に感謝する、どちらかというと改まった言い回しです。贈り物が金銭の場合、あまりストレートに言わず、help（援助、支援）という表現で、あいまいに表現します。

[参考] ▶ **I really don't know how to thank you enough for your help.** あなたのご援助に対してお礼の申し上げようもありません。

▶ **You're helping me through a difficult time.** 大変な時期にご支援をいただいております。

42 金銭の贈り物をいただいたときの言葉

3 This money will be of great help to us.
このお金は大いに私たちの助けになるでしょう。

個人ではなく、小さなグループや組織の人が使う表現です。

[参考] ▶ **We'll put this money to good use.** このお金は有効に利用するつもりです。

▶ **Your contribution will be spent on a good cause.** あなたのご寄付は社会運動のために使われます。＊NGO 法人などが使う表現。

4 Your support has been very important to us.
あなたのご支援はとても大切です。

us が使われているので、組織への援助に対する感謝の表現です。support にはいろいろな意味がありますが、ここでは「資金援助」か「財政支援」です。

[参考] ▶ **We rely on people like you to keep our organization functioning.** 私どもの組織を運営していくためにあなたのような方々が頼りです。＊個人の組織への援助に対する称賛。

▶ **We have a great need of people like you.** 私どもはあなたのような方をとても必要としております。＊組織の代表者が使う表現。

5 You're one of our best customers.
あなたは私どものお得意様です。

お客様が会社のサービスに対して払うお金も、一種のマネーギフトです。お得意様であるということは、会社に多大な貢献をしているということですから、これは、「ありがとうございます」という意味合いを含んだ称賛の表現です。

[参考] ▶ **We really appreciate all the business you do with us.** 私どもとお取引いただき、誠にありがとうございます。

6 The money will come in helpful.
そのお金があると助かります。

親しい間柄で使う、かなり正直であけすけな、感謝の表現です。

[参考] ▶ I almost never treat myself to a meal at a good restaurant.　高級レストランで食事をすることなどほとんどありません。

▶ I have a lot of bills so every bit helps.　何かと物入りですので助かります。＊bills は生きていく上で必要な経費すべてを指す。

7 What you've paid me is too generous.
あなたが私にしてくださったことは寛大すぎます。

相手から期待した以上の賃金や報酬を受けたときに使う、謙虚な感謝の表現です。

[参考] ▶ You're being too generous.　これではいただきすぎです。

▶ I think you've paid me too much.　よくしすぎてくださっていると思います。

8 I'm the one who should be paying you.
私こそあなたにお礼をしなければならない立場です。

お金をもらった人が負い目を感じて使う表現です。これには、「逆に私のほうこそお礼をすべきです」という意味合いが含まれています。

[参考] ▶ You're the one who has been doing me the favor.　あなたこそ私にとても親切にしてくださいました。

9 I don't know how I can accept this.
これをいただいていいものかどうか…

贈り物を受け取るかどうか、ためらう表現は、物の場合でも金銭の場合

42 金銭の贈り物をいただいたときの言葉

でも同じですが、この表現は、かなり困惑していることを示しています。

参考 ▶ **I don't think I can accept this.** これをいただくわけにはいきません。＊強い否定。

10 You don't have to give me anything.
私は何もいりませんよ。

相手の気持ちを傷つけずに、やんわりとマネーギフトを断る言い回しです。

参考 ▶ **Don't worry about the money.** お金の心配はしないでください。
　　　▶ **I don't need the money.** お金は必要ではありません。

会話例

A: You've been one of our best customers over all these years. I'm glad we've been able to be of service to you.
B: We appreciate the quality of your products. And the few times we've encountered a problem you have been most cooperative.
A: That's our business policy. Pleasing the customer is our first priority.
B: Well, you have done a very good job of that.
A: ここ何年にもわたって、あなたは私どものお得意様でした。私どもがあなたのお役に立てることをうれしく思っております。
B: 私どもは貴社の製品の質を高く評価しています。それに、何か問題があったときも、とても協力的でした。
A: それが私どもの営業方針です。お客様にご満足いただけることが私どもの最優先事項です。
B: 確かに、顧客満足という点では徹底しておられますね。

43 連れて行ってもらったレストランをほめる
Complimenting Someone on the Restaurant They Chose

　自然なほめ言葉です。ビジネスでは、取引相手とのコネクションを強めることが、とても大切です。一緒に食事をすれば、相手との距離がぐっと縮まるでしょう。相手が「食事でもしましょう」と言って、選んでくれたレストランをほめることには、相手を称賛する意味合いも含まれています。高級レストランであれば、店をほめることもできますし、それなりのレストランであれば、メニューの内容や味、値段をほめることもできます。友好的な雰囲気で、自然な感じでほめれば、相手も気分をよくするはずです。

1 I love this restaurant.
素晴らしいレストランですね。

　会員制であるとか、予約がいつもいっぱいであるといった、特別なレストランに連れてきてもらった場合に使う表現です。

[参考] ▶ **This place is great.**　素晴らしい場所ですね。＊place は自宅や職場などに使うことも可。

▶ **I'm glad you brought me here.**　ここに連れてきてくださってうれしいです。

2 The atmosphere is really nice.
雰囲気がとてもいいですね。

　高級レストランでは、雰囲気やサービス、装飾品などもごちそうのうちで、ほめることができます。この表現では、atmosphere を mood にすることはできません。mood は人の内側の気持ちを表す言葉です。

[参考] ▶ **The service is excellent.**　サービスが素晴らしいですね。

▶ **They have such interesting artwork.**　おもしろいアートワークがありますね。

43 連れて行ってもらったレストランをほめる

3 I feel very relaxed here.
ここはとてもリラックスしますね。

落ち着けるということは、「その場所がとても気に入った」という意味合いを含んでいます。relax は comfortable（快適な）や right at home（まさに家にいるようにくつろいで）に代えられます。

[参考] ▶ This is the kind of place I like.　私の好きな感じの場所です。

▶ I like this kind of place.　私はこの手の場所が好きなんです。

▶ This is my kind of place.　私好みの場所です。

4 You chose a very good place.
すごくいい場所を選んでくれましたね。

レストランと同時に、相手の趣味のよさをほめる言い回しです。もっとくだけた感じにしたければ、choose を pick に代えます。

[参考] ▶ You sure know how to pick a good restaurant.　きっとよいレストランの選び方をご存じなんですね。

▶ How did you find this place?　どうやってこの場所を見つけたのですか。＊驚きの意味を含んでいる。

▶ You have good taste in restaurants.　レストランの趣味がいいですね。

5 The food looks so good.
料理がすごくおいしそうですね。

あまり高級なレストランでなくても使える、シンプルな言い回しです。

[参考] ▶ This item on the menu looks very tempting.　メニューのこの品目にはそそられますね。

▶ What's that dish those people over there are having?　あちらの方が召し上がっているお料理は何でしょう？

6 Chinese food is my favorite.
中華料理が大好きなんですよ。

favorite には、単に好きだというだけでなく、「いちばん好き」という意味合いがあるので、この表現はかなり強いほめ言葉です。

[参考] ▶ I never turn up a chance to have authentic French food.　本格的なフランス料理を食べる機会は無視できませんよ。

7 The menu has such a varied selection.
メニューが豊富ですね。

varied selection はどんなレストランでも使える、やや改まった表現です。

[参考] ▶ There are so many things on the menu.　メニューにずいぶんたくさん載ってますね。
　　　 ▶ There are too many things to choose from.　たくさんありすぎて目移りしますよ。

8 You'll have to help me to read the wine list.
ワインリストを読むのを助けてもらわなくては。

会話でよく使う言い回しです。この種の表現には、「私よりあなたのほうがお詳しいでしょうから」と相手を立てるニュアンスが含まれています。

[参考] ▶ I think I need help on what to order.　何を注文するか助けていただけますか。
　　　 ▶ What do you recommend?　何がお薦めですか。

9 They have good food, and the prices are reasonable, too.
おいしいものが手頃な値段でありますね。

どちらかというと、あまり高級ではないレストランに連れて行かれた場

43 連れて行ってもらったレストランをほめる

合に使う表現です。気持ちを込めて言うと、効果があります。

[参考] ▶ **They offer good food at reasonable prices.** 手頃な値段でおいしいものを出しますね。

▶ **This food is simple but good.** シンプルですが、おいしいですね。

10 I'm so glad you've given me this chance to try escargot.
エスカルゴを食べる機会をいただいて、とてもうれしいです。

初めて食べる料理をほめる言い回しです。

[参考] ▶ **This is my first time to try a wheat beer.** ウィート・ビア（小麦ビール）を飲むのは初めてです。

▶ **It's not often that I can have real gourmet food.** こんな高級料理を食べる機会はめったにありませんよ。

会話例

A: Your choice of a restaurant is excellent. Italian food is my favorite.
B: I found this place a few years back.
A: The service is very good. And there are many things on the menu. I don't really know what to order. Can you help me?
A: Of course. The manicotti is very good.

A: あなたが選んでくださったレストランは素晴らしいですね。イタリア料理は大好きなんです。
B: ここは何年か前に見つけたんですよ。
A: サービスがすごくいいですね。それにメニューが充実しています。目移りして何を注文したらいいのかわかりませんよ。手伝ってくださいますか。
B: もちろんですとも。ここはマニコッティ*がとてもおいしいですよ。

*太い筒状のパスタにひき肉などを詰めて、トマトソースをかけて焼いたイタリア料理。

44 負けたり失敗した人をなぐさめ励ます
Encouraging Someone Who Has Lost or Failed

立場が同じか下の人を、なぐさめる言葉です。一生懸命努力しても、いつも報われるとは限りません。結果がすべてではなく、努力する過程に意義があります。本当に不運だったということもあります。失敗したら、悪かった点を反省する材料にするのも、ネガティブな感情をひきずらないであきらめることも、前向きのほめられるべき姿勢です。相手が落ち込んでいたり、自信を失っているときには、「心配しないで」となぐさめ、次はきっとうまく行くと前向きな気持ちにさせる、励ましの言葉が大切です。

1 You win some, you lose some.
勝つこともあれば、負けることもありますよ。

会話でよく使われる慣用表現です。「勝つことだけが目的ではない」という意味合いが含まれています。

[参考]
- ▶ Winning isn't everything.　勝つことがすべてではないです。
- ▶ You can't win them all.　すべて思い通りには行きませんよ。

2 You gave it your best shot.
あなたは全力を尽くしましたよ。

一生懸命努力したにもかかわらず、うまく行かなかった人に使う、相手の頑張りにスポットを当てた、なぐさめの言葉です。

[参考]
- ▶ You put up a good fight.　よくやりましたね。
- ▶ You really tried hard.　本当に一生懸命やりましたね。
- ▶ You did your best.　最善を尽くしましたね。

3 You came very close.
すごく惜しかったですね。

目標達成直前に、それがだめになった相手に使う、「次はきっとうまく

行きますよ」という意味合いを含んだ表現です。

[参考] ▶ **You'll have another chance.**　またチャンスがありますよ。
　　　 ▶ **There's always a next time.**　次がありますよ。

4 It wasn't your fault that you lost.

負けたのはあなたのせいじゃありませんよ。

　fault は過失に対する責任のことです。うまく行かなかったのは自分の責任だと、自分を責めている人に使いたい表現です。いろいろな場面で使ことができます。

[参考] ▶ **I guess it's a good learning experience.**　貴重な経験だと思いますよ。
　　　 ▶ **Everyone fails the first time.**　だれでも最初からはうまく行きませんよ。

5 With so many applicants for the position, it's not that surprising that you didn't get an interview.

その職にはとてもたくさんの人が応募しているので、あなたが面接にこぎつけなかったのも驚くには当たりませんよ。

　うまく行くと思っていたのに、だめだった、という予期せぬ出来事でがっかりしている人に使う、なぐさめの言葉です。

[参考] ▶ **You shouldn't take it personally.**　自分のせいだと思わないでください。
　　　 ▶ **That's just the way it happens sometimes.**　そんなこともありますよ。

6 You proved your point.

あなたは自分の意見を立証しました。

　うまくは行かなかったけれど、「どうしてそういう行動をとったのか理

181

解できる」と共感を示して、相手をなぐさめる表現です。

[参考] ▶ **I know why you did it.** 私はあなたがどうしてそうしたのかわかりますよ。

▶ **You did what you had to.** やらなければならないことをやりましたね。

7 Well, it was a mistake to think you could get the job, but it would've been a worse one not to try at all.

いやぁ、あなたは就職できると思ったんですがねぇ。でも何もしないよりもましだったでしょう。

努力が報われなかった人に使う、なぐさめの言葉です。

[参考] ▶ **You tried.** 君は、やるだけやったよ。

▶ **You gave it your best effort.** 頑張ったね。

▶ **You did what you thought was right.** 正しいと思ったことをやったんだから。

8 You did better than expected under the circumstances.

こんな状況にしては、あなたは期待していた以上でしたよ。

「よくやりましたね」と伝える表現です。「だれがやっても、どんなふうにしても、うまく行くわけはなかった」という意味合いが含まれています。

[参考] ▶ **It couldn't be helped.** 仕方なかったですよ。

▶ **There was nothing you could do.** あなたにできることは何もありませんでしたよ。

▶ **You did quite well considering things.** 状況を考えるとあなたはとてもよくやりました。

9 Just forget about it.
そんなことは忘れちゃいな。

うまく行かなかった人への、温かみのある、なぐさめの言葉です。いつまでもくよくよしないで、前向きになるように、相手を励ます表現です。

参考 ▶ **Forget it.** 忘れちゃいなよ。
▶ **It's not worth worrying about.** 心配しても始まらないよ。

10 They didn't understand you.
あの人たちには君がわからないんだよ。

「見る目がなかったんだよ」と相手を励ます言い回しです。日常会話でよく使います。

参考 ▶ **They misunderstood you.** 彼らはあなたを誤解しています。
▶ **They didn't know where you were coming from.** あの人たちは君がどこの見地から話をしたか知らなかったんだよ。
＊くだけた表現。

会話例

A: You made a mistake but we all do that sometimes.
B: Yes, I guess you're right.
A: You should just forget about it and get on with your life.
B: Yes, that sounds like good advice.

A: 間違いはだれにでもありますよ。
B: ええ、おっしゃるとおりだと思います。
A: そんなことは忘れて、元気を出して行きましょう。
B: ええ、そうですね。

45 人生の転機を迎えた人を励ます
Encouraging Someone to Take a New Direction in Their Life

　緊張や不安を解きほぐす表現です。新しい仕事や生活を始めるときは、期待と同時に不安や緊張を抱くものです。そんなとき、気遣う言葉や、不安を払拭するような励ましの言葉をかけてもらえれば、気持ちが楽になります。励ましにも、いろいろなバリエーションがありますから、その場にふさわしいものを選んで使ってみてください。

1 I worry about you.
あなたのことが心配です。

　相手を気遣って、思いやりを示す、簡単で使いやすい表現です。

参考
- ▶ I care for you.　あなたのことが気がかりです。
- ▶ I think about you.　あなたのことを考えています。

2 I'm looking after your own interests.
私はあなたのためになることを考えています。

　相手を気遣って、これから何かアドバイスをしようとする場合に使える表現です。look after に似た表現に take care of がありますが、take care of のほうは、実際に何らかの世話をする場合に使います。

参考
- ▶ I know what's best for you.　私はあなたにとって何が最良であるか知っています。
- ▶ I know what you need.　あなたが必要とするものはわかっていますよ。

3 You should try something different.
何か違うことを試してみるべきですね。

　よく使われる表現です。「違うことを1回だけやってみる」という意味ですが、「人生に異なった取り組み方をする」という意味にとることもで

きます。

> [参考] ▶ **A change might be good for you.** 気分転換が必要かもしれませんね。

4 You can overcome your present circumstances.
あなたは現在の状況を乗り切れますよ。

今、困難に直面している人を励ます表現です。「ここを乗り切れば、新しい局面が見えてきますよ」と、現在の困難を前向きに受けとめるように、相手に伝える言い方です。

> [参考] ▶ **You shouldn't waste this opportunity.** こんな機会を無駄にすべきではありません。
> ▶ **You'll find your path in life.** あなたは人生における道を見つけるでしょう。＊ゴールに一歩一歩向かっていくというイメージから、road よりも path が使われることが多い。

5 You know what has to be done.
何をすべきかわかってますね。

これからどうしたらいいか悩んでいる人を、叱咤激励する表現です。

> [参考] ▶ **You know what to do.** 自分が何をすべきかわかっていますね。
> ▶ **You just have to recognize the choices you need to make.** あなたは取捨選択をしなければなりません。＊recognize は admit に代えられる。

6 You have it in you.
あなたには可能性があります。

新しい仕事や生活に不安を感じて、どうしようかと悩んでいる人の背中を押す表現です。

> [参考] ▶ **You have the potential to transform your life.** あなた

には自分の人生を変える可能性があります。＊改まった表現。
▶ **You should forget about your preconceptions.** 先入観は捨てるべきですよ。

7 Everything is possible.
できないことはありませんよ。

6 と同様、悩んでいる人の背中を押す表現です。「やろうと思えば、目的を達成できる」と相手を励ましています。

[参考] ▶ Where there's a will, there's a way. 意志あるところに道は開ける。＊慣用句。

8 You just have to be open to new possibilities.
新しい可能性にオープンであるべきですよ。

転職など、新しいことが自分にできるかどうか悩んでいる人に、「いろいろな可能性を受け入れたほうがいいですよ」と示す表現です。

[参考] ▶ There are always things you can do. いつでもあなたができることはありますよ。

9 You should let go of what's holding you back.
あなたを気後れさせているものから自由になるべきです。

新しいことに不安を感じている人に、「考えすぎなくていい」と伝える言い方です。

[参考] ▶ Something is holding you back. 何かがひっかかってるんですね。

10 I know it's up to you in the end.
結局はあなた次第ですよ。

「だれが何を言おうとも、最終的には自分の判断を信じて、前に進みな

さい」と相手に伝える表現です。

参考 ▶ **I'm just giving you some friendly advice.** 私はただあなたに友達としてアドバイスするだけです。
　　 ▶ **You don't have to accept my advice.** 私のアドバイスを受け入れる必要はありませんよ。
　　 ▶ **I'm just telling you this for your own good.** あなたのためを思えばこそ、こう言っているんですよ。＊相手の意に添わないアドバイスに使う表現。
　　 ▶ **It's your decision.** それはあなたが決めることです。

会話例

A: I feel that I'm at a difficult point in my career. Things just don't seem to be going forward.
B: Maybe you need to make some kind of change. You know, look around for a different position or something like that.
A: I don't feel very confident about that.
B: You just have to remember that you always have possibilities.

A: 私のキャリアの中で難しい局面を迎えているな、と感じています。物事が進んでいるように思えないんですよ。
B: たぶん、何かを変える必要があるんですよ。たとえば違った職業を探してみるとか。
A: 自信がありませんよ。
B: いつも可能性があることを忘れてはいけませんよ。

46 病気の人を励ます
Encouraging a Person Who Has a Health Problem

相手を安心させる表現です。病気の人は、安心させてあげることが第一です。病状だけでなく、仕事の心配などもしなくていいように、力づけてあげましょう。相手の心配を取り除いて、気持ちが明るくなるように、励ますことが大切です。

1 You'll feel better soon.
すぐによくなりますよ。

まだ快復していない人を励ます、会話でよく使う表現です。病状の軽い人に使います。feel better は be better とほとんど同じ意味です。

[参考]
- ▶ **I do hope you'll feel better.** すぐによくなるといいですね。
- ▶ **Get some rest and you'll be better before you know it.**
少し休めばあっという間によくなりますよ。

2 I wish you a speedy recovery.
早くよくなるといいですね。

どちらかというと改まった、お見舞いの表現です。

[参考]
- ▶ **I'm sure you'll soon recover.** 絶対すぐによくなりますよ。
＊少し改まった表現。
- ▶ **I'm glad you're making a speedy recovery.** 快復が早くてよかったですね。

3 I'm sure it's nothing serious.
大したことはありませんよ。

風邪のような軽い病気ではないけれど、ベッドに寝たきりというほど重い病気でもない人に対して言う、楽観的な言い回しです。

[参考]
- ▶ **It's just a minor problem.** ほんの軽い病気ですよ。

▶ You'll be back on your feet in no time.　すぐにまた元気になるよ。

4 You're looking a little better.
少しよくなったみたいですね。

よくなったとはいうものの、相手の健康状態がまだ深刻な場合に使われる表現です。

[参考]　▶ You looked a lot worse before.　前はひどい顔をしていましたよ。＊ユーモアを感じさせる表現。

　　　▶ I see some improvement.　だいぶよくなったみたいですね。

5 You just have to change your lifestyle and diet a bit.
生活スタイルを変えて少しダイエットしなくちゃね。

健康状態がよくない友人を励ます、親身な表現です。

[参考]　▶ A lot of people have heart problems and still live normal lives.　心臓に問題があっても普通に生活している人はたくさんいますよ。

　　　▶ I know your health problem is serious, but there are many things you can do for it.　健康状態がよくないみたいだけど、できることはたくさんありますよ。＊楽観的な表現。

6 So what if you have to stay in the hospital for a few weeks.
あなたが２、３週間入院するからといって何か問題があるのですか。

しばらく入院したり療養しなければならない人に、あせらずゆっくり治療してくれるように、励ます表現です。「仕事なんか気にしないで、とにかく直すことが先決」という意味合いが含まれています。

[参考]　▶ Don't worry about work.　仕事のことは心配しないでくだ

さい。
▶ **Take as much time as you need to get better.** よくなるのに必要なだけ時間をかけてくださいね。

7 That operation is a standard procedure today.
そんな手術、今では普通の治療ですよ。

病状の重い人に使う、相手を安心させるための表現です。手術にはsurgery を使うこともありますが、改まった表現である上に、あまりいいイメージがないので、operation のほうが無難です。

参考 ▶ **They have many new treatments for your condition.**
あなたの病気に効く新しい治療法はたくさんありますよ。

▶ **You have a good doctor, so you'll be OK.** いいお医者様がついていますから、大丈夫ですよ。

8 Did you get a second opinion?
セカンド・オピニオンを受けましたか。

相手が「それもいいかもしれない」と前向きになれるような、励ましの言葉であるだけでなく、現在の医療行為への批判も込められた表現です。

参考 ▶ **Have you thought of seeing a different doctor?** ほかのお医者様に診てもらったらどうですか。

▶ **You may not really need surgery.** 手術の必要はないかもしれませんよ。

9 You may want to try alternative medicine.
代替医療を試したらどうですか。

治療をしていてもどんどん症状が悪くなるような相手には、ほかの選択肢を考えるように言うことも、相手に希望を与えて、励ましになることがあります。

参考 ▶ **There are many options you can take outside tradi-**

tional medicine.　伝統的な医学以外にも選択肢はありますよ。

▶ **If the regular doctors can't treat it, there are other approaches you can take.**　かかりつけの医師が治せないのなら、ほかの方法もありますよ。

10 Try to think positive.
前向きに考えましょう。

かなり病状の重い人を、力強く励ます言葉です。

[参考]　▶ **Things are never as bad as they seem.**　物事は見かけほど悪くはないものですよ。

▶ **You're going to make it through this.**　絶対うまく乗り切れますよ。

会話例

A: You're looking much better since you got out of the hospital.
B: Thanks. I'm a little worried because the doctors said I have heart condition.
A: You just have to change your lifestyle and diet a bit.
B: Yes, I suppose you're right.

A: 退院してからずっとお元気そうですね。
B: ありがとう。医者が心臓に異常があると言っていたのが、ちょっと気になっているんですけれどね。
A: 生活習慣を変えて、少しダイエットする必要がありますね。
B: ええ、そうですね。

47 事故にあった人を励ます
Encouraging a Person Who Had an Accident or Dangerous Experience

立場にかかわらず使える、励ましの言葉です。交通事故、異常気象、地震、犯罪、戦争など、人はいつ危険な状況に陥るか、わかりません。そんなときは、「けががなくてよかったね」とか、「大事故じゃなくて何よりだった」となぐさめたり、「強運の持ち主だね」と称賛したり、心配する気持ちを口にしたりして、相手を励ますことができます。悪い出来事はもう過ぎたことだと言って安心させてあげるのも大切です。

1 The important thing is that you're all right.
大事にいたらなくてよかったよ。

事故のあとで、相手を励ます言葉です。

[参考] ▶ I'm just glad that no one was hurt.　だれもけががなくて本当によかったよ。

▶ You should be grateful that things turned out the way they did.　うまく切り抜けられてよかったですね。＊やや改まった表現。

2 At least you weren't injured seriously.
大したけがじゃなくて済んだね。

けがをした相手を励ます表現です。injure は hurt より改まった語です。

[参考] ▶ You just got a few scratches.　かすり傷だけで済んだね。

3 I think you handled yourself pretty well given the situation.
その状況のわりには、すごく冷静に処理したね。

事故の際に自制して適切にふるまった、ということを伝える、ほめ言葉

です。

[参考] ▶ **You managed all right considering.**　うまく処理したね。
　　　　＊manage は get by に代えてもよい。
　　　▶ **You kept a cool head.**　冷静だったね。

4 I know you must feel a little shaken.
震えが来たに違いないね。

事故のときの相手の感情に同情する言い方です。feel a little shaken のほかに、会話的な表現の be scared や be frightened、be scary、be frightening を使うこともできます。

[参考] ▶ **You must have gotten quite a fright.**　ものすごく恐かったでしょう。
　　　▶ **It sounds like a horrible experience.**　身の毛もよだつような経験だったみたいだね。＊horrible の代わりに、terrible や awful も使える。
　　　▶ **I know what it feels like.**　どんな感じかわかるよ。

5 You were lucky.
運がよかったですね。

危機一髪の事故をうまく逃れた人に使う、なぐさめの表現です。lucky は fortunate に代えても構いません。

[参考] ▶ **You got lucky.**　ラッキーだったね。＊くだけた表現。これは、lucky を fortunate に代えられない。
　　　▶ **It was lucky that there were other people there to help you.**　助けてくれる人がいてラッキーだったね。

6 You could have gotten yourself killed.
ひとつ間違えば死んでいましたよ。

ついていなかったと落ち込む相手を、「何を言ってるんですか、十分ラッ

キーだったんですよ」と、励ます言い回しです。

[参考] ▶ **You could have been killed.**　もう少しで死ぬところだったんですよ。

▶ **It might have been much worse.**　もっとひどいことになっていたかもしれませんよ。

▶ **Just forget about your car.**　車のことは忘れようよ。＊アドバイスに近い励ましの言葉。

7 You got off easy this time.
今回は軽い罰で済みましたよ。

「神様のような大いなる存在が、この程度の事故で済ませてくれたんですよ。ラッキーですね」という意味合いを含んだ表現です。get off easy は、be lucky とほとんど同じ意味です。

[参考] ▶ **Someone must have been looking out for you.**　だれかがあなたを見守ってくれていたに違いありません。＊looking out for の代わりに、looking after、watching over、watching out for も使えます。

8 You have to be more careful next time.
今度からもっと注意しなくちゃね。

事故にあった人にする親身なアドバイスです。have to が強い必要性を表しています。

[参考] ▶ **I know you'll be more careful in the future.**　これからはもっと注意深くなるよね。

▶ **I trust you won't be careless like this again.**　もうこんなことがないように注意しなくちゃ。＊押し付けがましいニュアンスになる。

▶ **I'm sure you'll avoid places like that in the future.**　これからはそういった場所は避けるよね。

47 事故にあった人を励ます

9 You always have to be on your guard.
いつも用心しなくちゃね。

事故を起こした人にも、起こしていない人に注意を喚起する場合にも使える表現です。be on one's guard は、be careful と同じ意味ですが、注意するべき対象は、主に人間か動物です。そのため、この表現は、事故だけでなく、人間が絡む詐欺、強盗、暴力などにも用心しなさい、というニュアンスを含んでいます。

参考 ▶ Watch out for the other guy. ほかの人に気をつけて運転してね。＊安全運転キャンペーンの用語。
　　 ▶ Expect the unexpected. 予期しないことが起こることも考えないとね。

10 You'll get over it.
そのうち慣れるよ。

事故の経験が心の中からなかなか消えず、トラウマになってしまった人をなぐさめる会話表現です。

参考 ▶ You'll soon forget all about it. すぐに忘れるよ。

会話例

A: You were very lucky that no one got hurt.
B: Yes, it was a serious accident. My car is totaled.
A: I'm sure you'll be more careful next time.
B: There won't be a next time. I've really learned my lesson.

A: だれもけががなかったなんて、ラッキーだったね。
B: そうなんだ。ひどい事故だったからね。僕の車は全損だよ。
A: 今度からもっと注意しなくちゃね。
B: もうこんなことはないよ。身にしみたからね。

V章

個人的なことについて ほめる・励ます

Personal Comments

48 服装をほめる
Complimenting Someone on Their Clothes

気軽に使えるほめ言葉です。身に着けているものをほめられるのは、だれでもうれしいものです。目についたものを、率直に表現しましょう。身に着けているものをほめるのは、立場に関係なく、気軽に言えて、喜んで受け入れられるので、親しみを表すのにとても便利です。相手の着ている服、ファッションセンス、TPOに合わせた服の選び方など、さまざまなものをほめることができます。もちろん、相手が服装でよい印象を与えるのをほめることが大切です。

1 You look good.
似合いますね。

今、この瞬間に焦点を合わせた、ほめ言葉です。good以外にも、nice、elegant、stunning（とても美しい）などが使えます。

[参考] ▶ You're dressed so nicely.　素敵な服ですね。
　　　 ▶ You're wearing such nice clothes.　すごく素敵な服を着ていらっしゃいますね。

2 That outfit looks good on you.
その服、よくお似合いですね。

outfitは、どちらかというと改まった語で、いろいろなアイテムを意識して選んだ「ひとそろいの衣装」という意味です。

[参考] ▶ That looks perfect on you.　あなたが着ていると素晴らしいですね。

3 That color really suits you.
その色、とてもお似合いですね。

色はもちろん、相手の趣味のよさもほめる表現です。suitはfitに代えられます。matchも同じような意味ですが、That blouse matches your pants perfectly.（そのブラウスはあなたのパンツにぴったりですね）のように、もっと具体的なものに使います。

[参考] ▶ **You look good in blue.** 青がとってもお似合いですね。
　　　▶ **Green is your color.** 緑はあなたにぴったりの色ですね。

4 Your dress is so beautiful.
きれいなドレスですね。

身に着けている「もの」に焦点を合わせた、ほめ言葉です。so を伸ばして発音することで、「とても素晴らしい」という意味合いを強めることができます。

[参考] ▶ **Those earrings are very charming.** とても素敵なイヤリングですね。
　　　▶ **That jacket is really you.** そのジャケットはあなたにぴったりですね。＊really you は、その衣服が相手の性格に合っているということ。

5 I love your sweater.
あなたのセーター、素敵ですね。

I like ... や I love ... は、とても気持ちのこもったほめ言葉で、相手との距離を縮めます。特に I love ... は、I like ... よりも強い好みを表す表現です。

[参考] ▶ **I like your shirt.** あなたのシャツ、いいですね。
　　　▶ **Those socks are cute.** 靴下がかわいいですね。＊cute は男性同士では使わない。

6 That tie goes well with your jacket.
そのネクタイ、ジャケットとよく合ってますね。

go well with は match に代えられます。

[参考] ▶ **That scarf accentuates the pretty color of your eyes.**

そのスカーフ、あなたの瞳の色を引き立てていますね。＊accentuate は改まった語で、bring out に代えることができる。
▶ **That suit makes you look very sophisticated.** そのスーツを着ると、すごくあか抜けて見えますね。

7 I think you're dressed properly for the occasion.
きょうにぴったりの装いですね。

どちらかというと改まった言い回しです。相手が TPO に合った装いをしていることをほめ、相手に自信を与える表現です。properly は appropriately に代えられます。

参考
▶ **You look fine.** いい感じですね。＊シンプルな表現。
▶ **You chose the perfect thing to wear for tonight.** 今晩にぴったりの服を選びましたね。＊強い称賛。

8 You have such good taste in clothing.
あなたは服の趣味がいいですね。

相手の普段からの服の趣味のよさをほめる表現です。

参考
▶ **Your taste in clothing is very nice.** 服の趣味が本当にいいですね。
▶ **You always wear such nice clothes.** いつも素敵な服をお召しですね。
▶ **Your choice of clothing is excellent.** 服の選び方が素晴らしいですね。＊今晩の服なら、tonight、いつもであれば always を加えると意図がはっきりする。

9 You know so much about fashion.
ファッションに詳しいんですね。

やや遠回しなほめ言葉で、相手のファッションセンスがよいことを伝える表現です。

48 服装をほめる

参考
- ▶ **Your sense of fashion is very nice.** ファッションセンスが素晴らしいですね。
- ▶ **You always choose the perfect thing to wear.** いつもその場にぴったりの服を選びますね。
- ▶ **Your clothes create the right impression.** その服はあなたにふさわしい印象ですね。＊上司が部下に対して使う表現。

10 You certainly know where to shop for clothes.
あなたはどこで服を買えばよいか、ちゃんと知っているんですね。

やや遠回しなほめ言葉で、相手のファッションセンスがよく、着ている服がその人に似合っていることを伝える表現です。

参考
- ▶ **You know all the good boutiques.** いいブティックをご存じなんですね。
- ▶ **You find all the newest fashions.** 最新のファッションをよくご存じですね。
- ▶ **I really want to know where you bought that blouse.** どこでそのブラウスを買ったのか知りたいわ。＊「どこで買ったのか」は、興味を示すよく使われる表現。

会話例

A: You chose the perfect thing to wear for tonight.
B: Thank you. I was hoping other people would think so.
A: That dress really suits you. Blue is your color.
B: I've had it for a number of years. And I must say you look very nice tonight, too.

A: 今晩にふさわしい服だね。
B: ありがとう。ほかの人もそう思ってくれればいいんだけど。
A: そのドレス、君にぴったりだよ。青がよく似合うね。
B: 何年も前から持っていたの。あなたも今晩はすごく素敵ね。

49 体を鍛えている人をほめる
Complimenting Someone on Their Physical Fitness

　体を鍛えている人に興味を示すほめ言葉です。相手に興味を示すということは、相手に関心があるということです。服装の次に、気軽に話題にできるのは、フィットネスでしょう。現在の状態に注目しても、それを維持するためのトレーニングに触れても、また自分と比べて相手の状態がよいことについても、ほめることができます。ただし、相手がいくら体を鍛えていても、筋肉に注目するようなほめ言葉は、あまり使われません。

1 You're in great shape.
とても調子がよさそうですね。

　とてもよく使われる言い回しです。体形のことだけではなくて、全体的な体力と肉体的な健康に関する表現です。

[参考] ▶ **You're really fit.**　元気一杯ですね。＊とてもよく使われる。
　　　 ▶ **You look great.**　お元気そうですね。＊体力に限らない。

2 Your training really shows.
ずいぶん鍛えていらっしゃるんですね。

　相手がジムに通うなど、トレーニングをしているのを知っている場合に使う表現です。トレーニングの成果が目に見えている、という意味です。

[参考] ▶ **All that exercise has really paid off.**　運動の成果が出ていますね。
　　　 ▶ **I can see you're in really good condition.**　本当に調子がよさそうですね。＊体調を整えている、というニュアンス。

3 You're very flexible.
体が柔らかいんですね。

　特定のことをほめることで、相手に「トレーニングの成果が出ています

49 体を鍛えている人をほめる

ね」と伝える表現です。

- 参考 ▶ **You've really built up your muscles.** 本当に筋肉を鍛えてますね。＊ボディービルなどをしている相手に使う。
  - ▶ **You have incredible endurance.** すごい耐久力ですね。

4 It's great that you work out so often.
そんなに頻繁に運動していらっしゃるなんてすごいですね。

ジムで鍛えている人に使うほめ言葉です。work out は exercise の意味ですが、exercise よりもかなり激しい運動をする、というニュアンスです。

- 参考 ▶ **It's good that you go to the fitness center so regularly.** そんなに定期的にジムに行かれるなんていいですね。
  - ▶ **You're lucky that you have so much time to exercise.** そんなに運動する時間が取れるなんてラッキーですね。

5 I want to do aerobics, too.
私もエアロビクスがやってみたいですね。

「同じことをしてみたい」と相手への興味を示しています。球技以外のスポーツには、play ではなく、do yoga や do jogging のように do を使います。

- 参考 ▶ **I also would like to study yoga.** 私もヨガを習いたい。
  - ▶ **I should get into fitness, too.** 私もフィットネスに気を入れるべきですね。

6 You're a good example for me to follow.
あなたは私のいいお手本ですよ。

「あなたのようになりたい」という意味合いを含んだ、ほめ言葉です。

- 参考 ▶ **I want to follow your example.** あなたの例に習いたいです。
  - ▶ **I want to train like you do.** あなたのようにトレーニングしたいですね。

7 I could never run in a marathon.
私は絶対にマラソンは走れませんよ。

相手ができることがわかっているので、ほめ言葉として使えます。自分には絶対にできない、と相手と比較することで、相手の能力を高く評価していることが伝わります。

[参考] ▶ **I admire your running skills.** あなたのランニングスキルはすごいですね。

▶ **I don't know how you have the energy to go jogging every day.** どうやったら毎日ジョギングするほど元気になれるんですか。

8 Looking at you, I feel so out of shape.
あなたを見ると、自分が体力がないなと感じますね。

相手と自分の際立った違いをほのめかすことで、相手のほうが素晴らしい体力を持っている、と示す、かなりよく使われる表現です。

[参考] ▶ **You make me realize I need to start exercising more.** もっとエクササイズをする必要があるな、と思わされますよ。

▶ **I get out of breath just walking up a flight of stairs.** 私は階段を昇るだけで息切れがしますよ。

9 I wish I had a body like yours.
私もあなたみたいな体をしているといいんですが。

うらやましがることで、相手の素晴らしさを引き立たせる表現です。もちろん、異性には使わないほうがいいでしょう。男性と女性は体力が違うからです。

[参考] ▶ **I'm not as athletic as you are.** あなたのような運動能力がないんですよ。

▶ **I'd like to be really fit like you are.** あなたのような体力の持ち主になりたいですね。

10 Perhaps you can help me in my training program.
たぶん、私のトレーニングプログラムを手伝ってくださいますよね？

「～でしょう？」と提案したり、「～してくださいね」と依頼することで、丁寧なほめ言葉になります。

参考 ▶ **Maybe you can give me some pointers on what exercises I should do.** 私がどんな運動をしたらいいか、助言をしてくださいますよね。＊maybe が使われているので、提案をもっと和らげて、相手の技能を称賛している。

▶ **If you have the time, perhaps you could teach me some good stretches.** お時間があったら、何かいいストレッチを私に教えてくださいますか。＊perhaps を使うと、少し改まった表現。

会話例

A: You're really in good shape.
B: Yes, I work out at the fitness club almost every day.
A: It's great that you can do it so regularly. I'd like to do the same, but I just don't have the time.
B: Actually you don't have to spend so much time training. Even a half hour a day and you'll begin making progress.

A: すごく調子がよさそうですね。
B: ええ、ほとんど毎日フィットネスクラブで汗を流してますからね。
A: そんなに定期的に運動できるなんて素晴らしいですね。そうしたいのはヤマヤマなんですが、時間がなくて。
B: 実際にはそんなに長時間トレーニングする必要はないんですよ。1日30分でも上達しますよ。

50 外見をほめる
Complimenting Someone on Their Physical Appearance

　注意が必要なほめ言葉です。相手の外見をほめることは、基本的な称賛のひとつなのですが、最近は、使い方に気をつける必要があります。セクシャルハラスメントとして受け取られる可能性があるからです。男性が女性をほめる場合、身に着けているものをほめるほうが安全です。とはいえ、魅力的だとほめれば相手をとてもいい気分にさせることができます。口説き文句として受け取られないよう、気心の知れた相手に、さらりと使うのがポイントです。

1 I like your hairstyle.
素敵な髪型ですね。

　髪型に関するほめ言葉は、あたりさわりがないので、いろいろな場面で使えます。異性間でも同性間でも使える表現です。

[参考] ▶ **Your hairstyle really suits you.** その髪型、あなたにぴったりですね。

▶ **You have such pretty hair.** 素敵な髪ですね。＊普通、男性が女性に使う。

2 Your eyes are so charming.
目がきれいですね。

　この種のほめ言葉は、セクハラに受け取られやすいので、注意が必要です。瞳に関するほめ言葉には、mysterious も使えます。

[参考] ▶ **You have such a sweet smile.** いい笑顔ですね。＊単純に好意を伝える。

3 I wish I had your figure.
あなたのようなスタイルだったらねぇ。

　女性が女性に対して使う、婉曲的な表現です。うらやましがることで、

相手をほめています。figure は女性の体の曲線を示す語で、男性には使いません。また、style は体形というよりは、人となりを指す言葉で、外見よりもむしろ、物腰やファッションセンスなどに使います。

[参考] ▶ **You have a nice body.** スタイルがいいですね。＊使うのにかなり注意が必要な表現。男女両方に使える。

4 Has anyone ever told you that you are quite handsome?

だれかにハンサムだって言われたこと、ありませんか。

間接的に自分の気持ちを述べた表現です。

[参考] ▶ **You're very beautiful.** とてもおきれいですね。
▶ **You know, you're really good looking.** 本当にイケメンですね。＊親しみを込めた表現。good looking は男性にも女性にも使える。

5 How do you stay so slim?

どうやったらそんなに細くいられるんですか。

「うらやましい」と言うことは、相手の体形をほめているということです。thin は、どちらかというと痩せすぎ、slender には「脆弱」という感じがあるので、女性には slim を使うとよいでしょう。

[参考] ▶ **I've never had much luck with dieting.** 私、ダイエットしてもどうもうまく行かないのよ。
▶ **You've kept your figure.** ずっとスラッとしていらっしゃるのね。＊中年以上の女性に使う。

6 You're very attractive.

あなたは魅力的ですね。

attractive はよく使う形容詞です。顔立ちだけに使う言葉ではないので、お世辞に聞こえない、洗練された言い回しです。男性にも女性にも使えます。

参考 ▶ **I'm attracted by your charms.**　あなたに心を魅かれます。
　　　＊一種の口説き文句。

7 You're not unattractive.
魅力的じゃないなんてことはありませんよ。

　この種の言い回しは、「相手の容貌が平凡である」という間接的な表現です。どちらかというと、あまりほめ言葉にはなっていません。

参考 ▶ **You're beautiful in your own way.**　あなたらしくて素敵ですよ。
　　▶ **You have your own special kind of beauty.**　特別な美しさがありますよ。

8 You look so young.
若く見えますね。

　30代後半以上の人に使う、ほめ言葉です。

参考 ▶ **You look much younger than your age.**　実際の年齢よりずっと若く見えますね。
　　▶ **I'd have guessed you were only in your late 40s.**　40代後半にしか見えませんよ。

9 You've kept your looks.
あなたはずっとおきれいですね。

　素敵に年齢を重ねた人に使う、ほめ言葉です。どちらかというと、お世辞に近い表現です。

参考 ▶ **You've aged gracefully.**　素敵に年を重ねましたね。
　　▶ **You're still as I remember you.**　昔のままですね。
　　▶ **You haven't changed at all.**　全然変わりませんね。

10 You have a few gray hairs, but so what?
少しくらい白髪があるからって、何だっていうんです？

少し加齢の兆候が見え始めたことを気にしている相手を励ます表現です。

[参考] ▶ **You've put on a few kilos, but that happens.** 2〜3キロ体重が増えたなんて、よくあることですよ。

▶ **You're not as young as you once were, but you seem to be doing pretty well.** 以前ほど若くなくたって、かなりいい線いってますよ。

会話例

A: I must admit that you are quite charming. I feel attracted to you.
B: Of course you are just saying that. I'm rather ordinary.
A: No, you have a special beauty. I appreciate it very much.
B: Well, it is very kind of you to say so. Has anyone ever told you that you are quite handsome?

A: あなたはとても魅力的であると認めなければなりませんね。あなたに魅かれますよ。
B: まあ、お上手ね。私はむしろ平凡ですもの。
A: いえいえ、あなたには特別な美しさがあります。私にはそのよさがわかります。
B: そんなに言っていただいて、ありがとうございます。だれかにハンサムだって言われたこと、ありませんか。

51 人柄をほめる
Complimenting Someone on Their Personality

　内面をほめる言葉は、どちらかというと、くだけた表現になります。ほめ方にはいろいろあります。具体的に相手の性格をほめてもいいし、それから、一般的に相手の持っている資質をほめることもできます。ビジネスの場面では、勤勉さ、時間の正確さ、有能さや、仕事に取り組む姿勢などのほうが、人柄よりも大切です。物事をスムーズに進めるためにも、いろいろな場面で、ふさわしいほめ言葉を使いましょう。

1 You're a very easygoing person.
本当におおらかな方ですね。

　人を包み込むように、ゆったりして、おおらかな人は、それだけでほめる価値があります。easygoing にはポジティブなニュアンスがあります。

[参考] ▶ **You never let anything bother you.**　何かに悩まされることなんてないでしょう？

▶ **You always have a smile on your face.**　いつもほほ笑んでらっしゃいますね。

2 You're a warm and caring person.
心温かくて面倒見のいい人ですね。

　よく使われるイディオムです。

[参考] ▶ **You have such a warm heart.**　本当に心の温かい人ですね。

▶ **You always have good things to say about other people.**　あなたが人の悪口を言ったのを聞いたことがありませんよ。

3 You're such a kind person.
本当に親切な人ですね。

よく使われる表現です。kind は、understanding、accepting、generous と同じような意味です。

[参考]
▶ **You do so many things for other people.** ほかの人のためにいろいろなさいますね。
▶ **You never think of yourself.** 自分のことなど考えたことがないんじゃありませんか。

4 You know so many things.
博識ですね。

これには、「私よりずっといろいろなことをご存じですね」という意味合いが含まれています。

[参考]
▶ **You're very clever.** 頭がいいですね。＊clever を intelligent に代えると、もっと深みがある賛辞になる。
▶ **You're much smarter than me.** 私よりずっと頭がいいですね。＊smart は、実務的な知識を持っているということ。

5 You have so much patience.
我慢強いですね。

我慢強いのは長所です。特にビジネスでは大切なことです。

[参考]
▶ **Nothing ever troubles you.** あなたはくよくよしないたちですね。
▶ **You always have a kind word for everyone.** だれに対してもいつも親切な言葉をかけてくれますね。＊口先だけでなく、親身になってくれる人に使う。
▶ **You never get angry.** あなたが怒ったのを見たことがありません。

6 You're very outgoing.
社交的ですね。

社交的な人は、ユーモアのセンスがあり、話題が豊富で、ジョークをよく知っている傾向があります。

参考 ▶ **You have a great sense of humor.** すごくユーモアのセンスがおありですね。

▶ **You have so many interesting stories to tell.** いろいろとおもしろい話を知っていらっしゃいますね。

7 You're so considerate.
思いやりのある方ですね。

いつも相手の身になって物事を考える人へのほめ言葉です。

参考 ▶ **You're always thinking of others.** いつも人の身になって考えていますね。＊会話的な言い方。

▶ **You know how to make other people feel comfortable.** ほかの人をくつろがせるコツを知っていらっしゃいますね。＊make other people comfortable は、相手の希望に沿うように対応する、という意味。

8 You never let anything get you down.
何があっても落ち込まないですね。

相手の態度に感心する言い回しです。get you down は、前向きとは言えない（たとえば、力不足を感じたり、落ち込んだりするような）状況に自分を追い込むことを意味します。相手の芯の強さを称賛する表現です。

参考 ▶ **Your attitude towards life is so positive.** 人生への取り組み方がとても前向きですね。

▶ **You have such a good attitude towards things.** 物事に取り組む姿勢が素晴らしいですね。

51 人柄をほめる

9 You have so many nice qualities.
いいところがたくさんありますね。

nice は漠然と好意を伝える言葉なので、いろいろな場面で使えます。

参考 ▶ You're such a nice person.　本当にいい人ですね。
▶ You're a nice guy.　君っていいやつだね。＊少し弱腰の人を指すこともあるので、場面によっては、ほめ言葉にならない場合もある。

10 I like you for your personality.
あなたの人柄が好きですね。

この表現は、異性に対して使う、あたりさわりのないほめ言葉です。

参考 ▶ I've never met anyone before with a personality like yours.　今まであなたのように個性的な人には会ったことがありませんよ。
▶ You have a unique personality.　個性的ですね。

会話例

A: I really like spending time with you.
B: Well, that's nice to know.
A: You're a very kind and thoughtful person. Plus you have a great sense of humor.
B: Thanks for saying so. I think you're a really nice person, too.

A: 私はあなたと時間を過ごすのが大好きなんですよ。
B: それはうれしいですね。
A: あなたは親切で思慮深い方だし、すごくユーモアのセンスをお持ちだ。
B: そう言っていただいて、ありがとうございます。あなたもとてもいい方だと思いますよ。

52 個性をほめる
Complimenting a Person on Their Special Character

いろいろなアプローチができるほめ言葉です。相手のユニークさや才能をほめるのが基本です。また、相手が直面していた問題を克服したことをほめることで、相手の決断力を称賛することもできます。ビジネスの場なら、相手の企業の人道支援をほめることもできます。これは、あたりさわりのないアプローチです。というのも、立場が上の人をほめるのは、ゴマすりだと受け取られることもあるので、用心する必要があるからです。そんなときは、一般的で、どちらかというと抽象的なほめ言葉を使えば、問題ありません。

1 I've never met anyone like you before.
あなたのような人には会ったことがありません。

かなり誇張された、お世辞です。meet が使われているので、会ったばかりか、知り合って間もない相手にしか使いません。

[参考] ▶ You're the most interesting person I've ever met. あなたは今まで会った中で、いちばん興味を引く人物です。

2 You're a special person.
あなたは特別な存在です。

相手に自信を持たせる言い回しです。親しい間柄では、愛情を示すこともあります。

[参考] ▶ You're unique. あなたはユニークですね。
▶ There's no one like you in the world. 世界中探したってあなたみたいな人はいませんよ。＊愛情表現としても使用可。

3 You have many hidden talents.
隠れた才能をたくさんお持ちですね。

これには、「そんなことができるんだ」という驚きの意味合いが含まれ

52 個性をほめる

ています。

参考 ▶ You're really a gifted person.　本当に才能に恵まれていますね。＊天才的な人に使う。

▶ I'm in awe of your talents.　君の才能はすごい。＊くだけたニュアンスがある改まった表現。

4 You have so many things to teach me.
教えていただくことがたくさんあります。

会話でよく使う言い回しです。「いろいろなことをご存じですね」という意味合いが含まれていて、相手の気分をよくする表現です。

参考 ▶ There's much I can learn from you.　あなたから学べることがたくさんあります。

▶ You have such great knowledge of the world.　博識ですね。＊やや改まった表現。

5 Once you make up your mind to do something, you do it.
やると言ったら必ずやりますね。

相手のゆるぎない意志の強さをほめる言葉です。make up one's mind は decide に代えられます。

参考 ▶ You have incredible courage and resolve.　驚くほど勇気と決断力がおありですね。＊改まった表現。

▶ You have tremendous will power.　意志が強いですね。

6 You can see things most people can't.
ほかの人が見えないものを見ることができるんですね。

相手に「先見の明がある」と伝える表現です。

参考 ▶ You know a lot about things that nobody else does.　だれも知らないことまでよく知っていますね。

- ▶ You have great foresight and vision.　先見の明がありますね。＊改まった表現。
- ▶ You must be a genius.　天才的ですね。＊やや大げさな表現。

7 You always know the right thing to do.
いつもやるべきことを知っていますね。

これには、「判断力がありますね」という意味合いが含まれています。right は appropriate、proper に代えられます。

[参考]
- ▶ You have a clear sense of right and wrong.　明快な判断力をお持ちですね。
- ▶ I admire your personal values.　あなたの個人的価値観はすごいですね。＊改まった表現。

8 You overcame many obstacles.
たくさんの困難を克服したんですね。

どちらかというと、改まった表現で、相手に決断力や判断力があることをほめる言い回しです。obstacles は hurdles（障害物）に代えられます。

[参考]
- ▶ You've gotten over so many problems.　たくさんの問題を乗り越えてこられたんですね。＊会話的な表現。
- ▶ You've really turned your life around.　人生を立て直されたのですね。

9 You have so much to give to others.
人に与えるものがたくさんおありですね。

人を助けることが自分の使命だと思っている相手に使いますが、それだけでなく、いろいろな場面で使える会話表現です。相手が辛抱強く、思いやりのある人物だという意味合いを含んでいます。

[参考]
- ▶ You're doing so much to make the world a better place to live.　世界を住みやすい場所にするために多くのこと

をなさっていますね。

10 You have great compassion for the suffering of others.
悩んでいる人に深いおもいやりをお持ちですね。

人道主義の仕事にかかわっている人に使う、改まった表現です。

参考 ▶ **I have great respect for your work for world peace.**
世界平和のためのあなたの仕事に敬意を表します。

▶ **You have such selfless dedication.** あなたは無私そのもので献身的ですね。

会話例

A: I really admire your character. You've overcome many obstacles in your life.
B: It's true there were a few, but many people have had similar experiences.
A: Perhaps, but not so many have become so successful. Nor have they worked so tirelessly to help the disadvantaged.
B: I just think I'm doing my part to make the world a better place to live.

A: あなたのお人柄には感服します。人生でいろいろな障害を乗り越えてこられたんですね。
B: 少しはありましたが、同じような経験をしている人はたくさんと思いますよ。
A: かもしれませんが、みんながみんな成功しているわけじゃありませんよ。それに、ほかの人は恵まれない人を助けるために精力的に動いているわけではありません。
B: 私はただ、世界が住みよい場所になるように自分の本分を尽くしているだけですよ。

53 社会性があることをほめる
Praising a Person for Their Social Ability

言葉をきちんと使いこなせる人をほめる表現です。ビジネスでは、社会性があることはとても大切です。では、社会性とはどういうことなのでしょう。ひとつには、言葉を通して自分を表現することができること、また当意即妙な受け答えができること、そして、人前で話す能力があること、などが挙げられます。もちろん、聞き上手であることも、大切な社会性です。特にビジネスでは、建設的な批判ができることは、社会性があるということで、高く評価されるでしょう。

1 You're a great conversationalist.
本当に話し上手ですね。

話し上手な人に使うほめ言葉です。conversationalist とは、会話をうまくつなげていける人のことを言います。どんな人とでも会話を続けることができる人は、small talk（世間話）が上手です。

[参考] ▶ **You have a way with words.** 言葉の使い方をご存じですね。＊自分の考えを正確に表現する言葉を探せる能力。
▶ **You always express yourself so well.** 自分の思いを相手に伝えるのがお上手ですね。

2 I really enjoy our conversations.
あなたのお話は本当に楽しいですね。

どちらかというと、単に事実を述べたという感じで、あまり感情を伴っていない表現です。

[参考] ▶ **I love talking with you.** あなたと話すのは大好きです。＊強い感情を表す表現。
▶ **It's always a pleasure talking with you.** あなたと話すのはいつも楽しみです。＊やや改まった表現。

3 I feel you really understand me.
あなたは本当に私のことをわかってくださいますね。

どちらかというと、聞き上手の人に使うほめ言葉です。判断基準が自分の感情なので、think ではなく、feel が使われています。

[参考] ▶ **I feel that I can really communicate with you.** あなたとは本当にわかりあえる気がします。

▶ **You're so easy to talk with.** あなたとはとても話しやすいです。

4 You're so witty.
あなたは本当に才気煥発ですね。

少し辛口のコメントかもしれませんが、相手の言ったことがおもしろくて、しかも気が利いている、という意味合いを含んだ言い回しです。

[参考] ▶ **You have such a wonderful sense of humor.** 素晴らしいユーモアのセンスをお持ちですね。

▶ **I like your cynical attitude sometimes.** たまにはあなたの批判的態度が好きですね。＊最悪の事態を見据えた意見を吐くことを指す。嫌味とは異なる。

5 You're such a good listener.
聞き上手ですね。

聞き上手も、とても重要なスキルです。よい聞き手であることは、よい話し手であるよりも大変かもしれないので、かなりのほめ言葉です。

[参考] ▶ **You really listen to what other people are saying.** 相手の言い分を本当によくお聞きになりますね。

▶ **You're very nonjudgmental.** とても公平ですね。＊自分の意見を押し付けず、ただ聞いてくれる人に使う、はやりの言い回し。

6 You're so accepting of other people.
あなたは本当に人をお認めになりますね。

人をあるがままに受け入れてくれる人に使うほめ言葉です。kind とよく似た意味で使われます。

[参考] ▶ **You really make everyone feel good about themselves.** 本当にみんなの気分をよくしてくれますね。
▶ **You're so good with people.** 人と接するのがうまいですね。

7 Everyone likes you.
みんながあなたを好きですよ。

とてもシンプルで役に立つほめ言葉です。人に好かれるということは社会性が高いことを示します。

[参考] ▶ **You're the life of the party.** 場を盛り上げますね。＊ピエロ的な役割の場合にも使う。

8 You're always very tactful.
いつも如才ないですね。

何があっても、その場を上手に切り抜けられる手腕の持ち主へのほめ言葉です。tactful は、diplomatic（駆け引きがうまい）ととても近い意味合いがあります。

[参考] ▶ **You always know the right thing to say.** いつも適切なことをおっしゃいますね。

9 You have a talent for public speaking.
あなたには演説の才能がありますね。

普通の人はあまり演説を体験したことはないと思います。だからこそ、その能力をほめることは最大級のほめ言葉になります。

[参考] ▶ **You're really good at speaking in public.** 人前で話すの

がお上手ですね。

10 You're good at constructive criticism.
建設的に批判するのがお上手ですね。

「建設的な批判」というのは、公平で、相手が反論できる機会を与える批判のこと。攻撃するというよりは、むしろ相手の自尊心に働きかけ、相手が聞く耳を持つようにするのがねらいです。ビジネスでは特に大切です。

参考
▶ **You're always fair in your criticism.** 批判するときにも公平ですね。＊会話的な表現。
▶ **You always keep a balanced perspective on things.** 常にバランスのとれた見方をしますね。
▶ **You never take sides.** 絶対片方の肩を持ちませんね。＊take sides は支持しているグループに同意すること。

会話例

A: Your comments at the meeting were very helpful. You didn't take sides, and made some good points.
B: I felt the discussion wasn't really going anywhere. So I said what I thought was necessary.
A: I thought you did a good job. You always keep a balanced perspective on things.
B: Yes, I like to try to find the middle ground.

A: 会議でのあなたのコメントはとても役に立ちました。どちらの肩も持たずに、説得力のある主張でしたね。
B: 議論が空転しているようだったので、何が必要であるか思ったことを言っただけですよ。
A: よくやられたと思いますよ。いつもバランスの取れた見方をされるんですね。
B: ええ、いつも妥協点を探すのが好きなんです。

54 音楽の才能をほめる
Complimenting Someone on Their Musical Talent

率直なほめ言葉です。音楽の好きな人はたくさんいるでしょうが、楽器や歌がものすごくうまい人はそんなに多くはないでしょう。そんな音楽的才能に恵まれた人たちをほめる言い回しです。自分の才能のなさを嘆きながら、相手の才能をほめると、コントラストが際立ちます。

1 You have a very beautiful voice.
きれいな声をしてますね。

歌がうまい人に使う表現です。そうでない人には pretty good のようなあいまいな言い回しを使います。beautiful は nice や wonderful に代えてもいいし、女性なら、sweet を使うこともできます。

[参考] ▶ **That song was very beautiful.** とてもきれいな歌でした。
＊moving（感動的な）、catchy（耳に残る）、powerful（力強い）、cool（かっこいい）なども使える。

▶ **You can sing so beautifully.** すごく歌がお上手ですね。

2 Did you write that song yourself?
ご自分で作詞されたんですか。

歌詞が素晴らしかったことと、相手が自分で書いたかもしれないという驚きを示す表現です。

[参考] ▶ **The lyrics were very interesting.** 歌詞がおもしろかったです。

▶ **I hope I understood the message of the song.** 歌のメッセージを理解できていればいいんですが。

3 Your flute playing is extraordinary.
あなたのフルート演奏は見事ですね。

extraordinary は、どちらかというと改まった言葉ですが、これを使うと、センスのよさが伝わります。

[参考] ▶ I was very impressed with your skill on the guitar.
あなたのギターの腕前は感動ものですね。

▶ You play the piano incredibly.　信じられないほど素晴らしいピアノ演奏でした。

4 I didn't know you were such a talented guitarist.
そんなに才能のあるギタリストだとは知らなかったよ。

これには、「素晴らしい腕前だね」という驚きが含まれています。

[参考] ▶ I must say I was surprised by how well you can play classical music.　あんなにクラシックを上手に弾くなんてびっくりしたわ。＊やや改まった表現。

▶ I never knew you were such a gifted musician.　そんなに才能のあるミュージシャンだったなんで全然知らなかったよ。

5 You must have studied the piano for many years.
きっと何年もピアノを学ばれたんでしょうね。

練習してきた期間の長さを利用した、間接的なほめ言葉です。「ものすごくうまいですね」という意味合いが含まれています。

[参考] ▶ I'm sure you've been practicing since you were a child.　きっと子どもの頃から練習されたのでしょうね。

▶ It must take years and years to be able to play like that.　こんなふうに演奏できるようになるまで、何年もかかったんでしょうね。

6 Have you ever thought of playing professionally?
プロとしてやっていくことを考えたことはありますか。

この種の表現は、心からそう思っている場合にも、一種のお世辞としても使えるので、言い方に注意が必要です。

[参考] ▶ **You could play in the symphony.** 交響楽団で演奏できますよ。＊symphony は symphony orchestra の短縮形、orchestra より厳格で大きい。

▶ **You could start your own band.** ご自分のバンドを結成できますよ。

7 Your performance was very moving.
感動的な演奏でした。

演奏の素晴らしさをほめる言い方です。

[参考] ▶ **I was moved by your performance.** あなたの演奏には感動しました。

▶ **Your rendition of that piece was out of this world.** その作品の演奏はこの世のものとは思えないほどでしたよ。＊rendition は音楽の場合、「(曲の) 解釈」や「演奏」の意味。

▶ **Your version was better than the original.** あなたのバージョンはオリジナルよりよかったです。

8 You have a wonderful sense of rhythm.
素晴らしいリズム感をお持ちですね。

リズム感がいいのは音楽の必須要素なので、基本的なほめ言葉になります。

[参考] ▶ **The melody you played was simple, but sweet.** シンプルなメロディーなのに、ほれぼれしますね。

▶ **You play good dance music.** いいダンスミュージックを演奏しますね。

54 音楽の才能をほめる

9 I'm afraid I don't have a talent for music like you.
残念ながら、あなたのような音楽的才能はありませんね。

相手をうらやましがることで、ほめる言い方です。

参考 ▶ I don't have your ear for music.　あなたのように音楽を聞く耳はないですね。

▶ I'm not very musical.　私には音楽の才能はありません。

10 I play the guitar a little, but I'm just an amateur.
ギターは少しやりますが、素人ですよ。

自分と比較することで、相手の上手さを際立たせ、相手の自尊心をくすぐる言い回しです。

参考 ▶ I wish I could play the piano as well as you.　あなたくらいピアノが弾けたらなあ。

▶ I tried playing the saxophone but then I gave up.　サックスをやったことがあるんですが、すぐにあきらめましたよ。

会話例

A: You're very good at the guitar. I'm really impressed with your playing.
B: I'm glad you liked what I played.
A: You must have studied classical guitar for many years.
B: Yes, I have. But I still don't feel I've mastered it.

A: ギターがお上手ですね。あなたの演奏に感動しましたよ。
B: 演奏が気に入っていただけてうれしいです。
A: クラシックギターを何年も勉強されたんでしょうね。
B: ええ、まあ。でもまだまだですよ。

55 芸術的な才能をほめる
Complimenting Someone on Their Artistic Talent

いろいろな分野の芸術をほめる言葉です。芸術とビジネスは接点がないように思うかもしれませんが、広告やロゴなどのデザインで関係があります。仕事で芸術家と会うこともあります。そんなとき、何をどうほめたらよいのでしょう。

1 You really are an artist.
あなたは本物の芸術家ですね。

どんな分野の芸術家にも使える、最大級のほめ言葉です。「あなたの理想を完璧に具現化していますね」という意味合いが含まれます。You're really an artist. よりも意味が強調されます（"are" を強調する）。

[参考]
- ▶ You're a magnificent painter.　あなたは最高の画家です。
  ＊painter は artist と同じで、「美術家」のニュアンスがある。
- ▶ You've become a wonderful sculptor.　素晴らしい彫刻家になりましたね。＊以前から知っている人の進歩を認めた表現。

2 I'm really impressed with your painting.
私は本当にあなたの絵に感動しています。

ちょうど今見ている、特定の絵についてのほめ言葉です。

[参考]
- ▶ Your paintings have an indescribable quality to them.　あなたの絵は言葉では言えないくらい素晴らしいですね。＊改まった表現。
- ▶ Your paintings have depth.　あなたの絵には深みがありますね。

3 The designs you create are so amazing.
あなたのデザインは驚くべきものですね。

驚くほど素晴らしい、という意味合いです。

> [参考] ▸ **Your sense of color and shadow is very subtle.** 色と影の感覚がとても微妙ですね。＊subtle は delicate（繊細な）や elusive（とらえどころのない）に代えられる。

4 Your paintings draw the viewer into them.
あなたの絵は見る人をひきつけますね。

「見る人がその絵に魅了されるほど素晴らしい」という意味合いを含んでいます。絵画を見る場合、watch は使いません。look at や see、view などを使います。絵を鑑賞する場合には、view が適しています。

> [参考] ▸ **Viewing your paintings opens the mind's eye.** あなたの絵を見ると心眼が開きますよ。
> ▸ **Your artwork moves me in a strange way.** あなたの芸術作品は不思議に感動させます。
> ▸ **You capture something mysterious in your art.** あなたの芸術には何か神秘的なものがありますね。

5 I can't classify your artwork because it falls outside any categories.
あなたの作品はどんなカテゴリーにも入らないので、私には分類できません。

意味があいまいなので、いろいろなものに使える表現です。自分の理解を超えたものでも、ほめることができます。

> [参考] ▸ **I guess your art is postmodern.** あなたの作品はポストモダンでしょうか。
> ▸ **The images are very powerful.** 印象はとても強烈ですよ。

6 Your use of ordinary materials is so interesting.
どこにでもあるような材料の使い方はとてもおもしろいですね。

コラージュは、ダンボールやポストイット、爪楊枝、画鋲といった、ありふれた材料で作る芸術作品で、かなり長い歴史があります。作品そのも

のの感想ではないので、使いやすい会話的な表現です。

[参考] ▶ **Your collages are very imaginative.**　あなたのコラージュは創意に富んでいますね。

▶ **I'm very interested in the digital art you're creating.**
あなたが作っているデジタルアートにとても関心があります。

7 Your photographic skills are very impressive.
あなたの写真技術は、とても印象的です。

「おもしろい写真ですね」という意味合いを含んだ、どちらかというと、改まった表現です。

[参考] ▶ **You're very good with a camera.**　カメラがお上手なんですね。

▶ **Your photographs deal with a wide range of themes.**
あなたの写真は幅広いテーマを扱っているんですね。 ＊deal with は have に代えられる。

8 It must take a lot of time to produce each piece.
ひとつの作品を作るのにずいぶん時間がかかるんでしょうね。

芸術家の労力に理解を示す表現で、幅広く使えます。

[参考] ▶ **I'd like to see more of your pottery.**　あなたの陶器をもっと見てみたいですね。

9 Usually I don't like abstract art, but in your case it's different.
普段は抽象的な芸術は好きではないのですが、あなたの場合は違います。

どんな芸術にも使える表現です。「ほかの人の作品には興味はないけれど、あなたのものはいいですね」と比較することで、とても強いほめ言葉になっています。

[参考] ▶ **I don't really understand art, but somehow I like the pieces you produce.**　実のところ、私は芸術はわからないのですが、どういうわけかあなたが作った作品は気に入っています。

10 I have no artistic ability.
私にはまったく芸術的な才能がないんです。

自分と比較することで相手の才能をほめる、どちらかというと改まった表現です。

[参考] ▶ **I got a D in Art.**　私は美術の成績はDでした。＊アメリカの学校の成績評価では、"F"は落第点、"D"はぎりぎりの及第点。

会話例

A: I'm really impressed with your paintings. The designs you create are so incredible.
B: I'm glad you can appreciate them.
A: Well, I don't know if I really understand them. But I have the sense that they capture something very mysterious, even otherworldly.
B: That may be true. Usually when I paint I don't know what I'm painting. The forms themselves are what gives shape to the final painting.

A: 私はあなたの絵に本当に感動しています。あなたのデザインは信じられないほど素晴らしいですね。
B: よさをわかっていただいて、うれしいです。
A: いえいえ、本当にわかっているかどうか…。でも、別世界のような何かミステリアスなものを感じますね。
B: そうかもしれません。絵を描いているときは、私はたいがい何を描いているのかわかりません。フォームそれ自体が、何か形を与えて最終的に絵になるんですよ。

56 夢や目標をほめる
Complimenting Someone on Their Dreams/Goals

夢をかなえるように励ます言葉です。私たちは、人生において夢や目標を持っています。それが現実的な目標であっても、かなわないかもしれない夢であっても、惜しみないほめ言葉を与えましょう。たとえそれがどんなものであっても、なりたいものには必ずなれる、願えばかなう、と励ますべきです。

1 I think your goal is a good one.
いい目標だと思うよ。

相手の現実的な目標をほめ、励ます言い回しです。

[参考] ▶ It's good that you've made this your goal.　これを目標にしたのはいいことだよ。

2 The dream you have is a wonderful one.
あなたの夢は素晴らしいですね。

Your dream ... よりも、少し改まった言い方です。どちらかというと、あまり実現する可能性のない夢を励ます表現です。

[参考] ▶ Maybe your dream is impractical, but you never know.
君の夢にはあまり現実味がないけど、やってみなければわからないからね。＊impractical を useless や pointless などにすると、非難している感じになる。

▶ We all need to have dreams.　みんな夢が必要だからね。

3 It's a great thing that you want to help other people.
人助けをしたいというのは素晴らしいことだね。

人の役に立ちたい、という夢を励ます表現です。help other people には、社会の普通の枠組みの外で、何か役に立つことをする、という意味

合いがあります。

[参考] ▶ **I think it's fantastic that you want to work for an NGO.**　NGO で働きたいというのは素晴らしいことだと思いますよ。＊特に親しい人でなくとも使える。

4 Starting your own company is a good idea.
起業するのはいい考えですね。

たいていの場合、相手が所属している会社や組織以外の人が使う表現です。「ビジネスを起こすというのは、向上心につながるよい野心だ」という相手への称賛の意味合いがあります。

[参考] ▶ **You have a lot of ambition, but that's good.**　いろいろな野心があるのはいいことです。
▶ **I like a person who has initiative.**　進取の精神がある人は好きですね。

5 You've dedicated yourself to our company, and we like that.
あなたはわが社に貢献しました。それを高く評価します。

この種の表現は、従業員に対して使われる賛辞です。相手の目標が、会社の目標と合致し、わき目もふらずに働いているような場合に使われます。

[参考] ▶ **Your loyalty and hard work mean much to us.**　あなたの忠誠心と働きぶりは私どもにとってかけがえのないものです。

6 To be honest, it's not such a bad thing that you want to be president of this company.
正直言って、あなたがこの会社の社長になりたいというのは悪くはないんじゃないですか。

会社で昇進したい、と思っている相手を励ます表現です。To be honest, が使われているので、聞いた人は、意外だといったところですが、野心があるのはよいことだ、という意味合いが含まれています。

[参考] ▶ **I think you'll go far in this company.**　あなたはこの会社で成功すると思いますよ。

7 I'm glad you want to find your own path in life.
あなたが自分の生きる道を見つけたことがうれしいです。

その人の仕事や立場にはほとんど関係ないものにも使える、一般的なほめ言葉です。

[参考] ▶ **The path you have chosen is a wise one.**　あなたが選んだ生き方は賢いものです。＊やや古い言い回し。

8 You should go for it.
頑張ってやってみるべきですよ。

相手の能力を信じているという意味合いを含んでいます。励まして相手の背中を押す、くだけた表現です。

[参考] ▶ **If I were you, I'd do it**　私があなたならやりますよ。

9 I think you're making the right decision.
正しい決断だと思うよ。

相手の前向きな態度をほめる会話表現です。

[参考] ▶ **I really admire you for making this decision.**　こんな決心をするなんてすごいですね。＊改まった表現。

10 You can be anything you want to be.
なりたければ何にでもなれるよ。

相手の可能性をほめる前向きな表現です。相手には無限の可能性がある、という意味合いを含んでいます。

参考 ▶ **If you set your mind to it, you can achieve anything.**
決心しさえすれば、何でもできるさ。＊会話的なイディオム。

▶ **Your whole life is before you.** あなたの人生はすべてこれからです。

会話例

A: I really admire your goals in life. You have dedicated yourself to serving other people.
B: It's the path that I chose in my life.
A: I think you've made the right decision. I don't have your strength though.
B: To be honest, I'm not so different than you. But I find that helping others gives me a purpose in my life.

A: あなたの人生の目標は本当に素晴らしいですね。人々に尽くすことに貢献されてきました。
B: 私が自分で選んだ道ですから。
A: 正しい決断をされたと思いますよ。私にはあなたのような強さはありませんが。
B: 正直なところ、私とあなたはそんなに変わりませんよ。ただ私は人を助けることに自分の目的を見出しただけです。

57 友人をほめる
Complimenting a Friend

立場が同じ人が使う感謝の言葉です。友情というものは、貴重な宝物です。顔見知り程度の友人でさえ、大事にしなければなりません。ですから、私たちは常に友人をほめ、感謝する必要があります。ビジネスにおいても、助けてくれる人や友人をほめ、感謝するのが大事なのは当然のことです。相手を信頼し、大切に思っていることが伝われば、人間関係はもっとスムーズになるはずです。

1 You're one of my closest friends.
あなたは私の最も親しい友人の一人です。

あなたと深い信頼関係を築いている友人のことを"close" friend と言います。これには、「あなたをとても信頼しています」という意味合いが含まれています。"best" friend は一番の親友です。よく使われる one of my best friends は本来は矛盾するのですが、漠然としたほめ言葉として役に立ちます。

[参考] ▶ You're my best friend.　あなたは私の一番の親友です。
　　　 ▶ You're the best friend I have.　あなたは私の一番の親友です。

2 You've always been a good friend to me.
あなたはいつでも私のいい友人です。

会話で使う表現です。今までも、そして今も、おそらくこれからもいい友人ですよ、と相手に示しています。

[参考] ▶ You're one of my very few close friends.　あなたは私の数少ない親友の一人です。
　　　 ▶ We've been through a lot together.　一緒にいろいろなことをやってきましたねぇ。＊いいことも悪いことも一緒に経験してきた人に使う。

57 友人をほめる

3 You're a special friend to me.
あなたは私にとって特別な友達です。

友人としての「特別さ」に焦点を当てた言い回しです。

参考 ▶ **You're unlike my other friends.** あなたは私のほかの友達とは全然違います。

▶ **You'll always be my friend.** ずっと友達だよ。＊恋愛が終わるときに使う表現。

4 I'm so glad to have you as my friend.
あなたのような友人ができてうれしいです。

この種の表現は、たった今、だれかと友人になったときに使います。

参考 ▶ **I'm really happy we became such good friends.** いい友達になれてとてもうれしいです。

▶ **I've found a real friend in you.** 本当の友人を見つけましたよ。

5 We share so much in common.
私たちには共通点がたくさんありますね。

同性にも異性にも使える表現です。共通点があるということは、相手と一緒にそのことを楽しみたいという意味合いを含んでいます。この share は have に代えられます。

参考 ▶ **We share the same interests.** 私たちは同じことに興味を持っていますね。

▶ **We're very similar in character.** 私たちは性格が似てますね。

▶ **We like doing the same things.** 私たちは同じようなことをするのが好きですね。

6 I know you'll never let me down.

あなたは絶対に私を裏切らない人ですね。

「あなたは信頼できて、頼りになりますね」という意味合いの最高のほめ言葉です。

参考 ▶ I know I can always count on you.　あなたはいつでも当てになりますね。

7 You have a great outlook on life.

素晴らしい人生観をお持ちですね。

相手の長所に焦点を当てたほめ言葉です。

参考 ▶ You have a great attitude towards things.　物事に対して真摯ですね。
▶ You always make me feel good about things.　いつもいろいろなことで楽しくさせてくれますね。

8 It's important to me that we've kept being friends all these years.

こんなに長い間ずっと友達だったことは、私には大切なことです。

長年の友人に使う表現で、6、7年以上は友人関係が続いています。

参考 ▶ I hope we can keep in touch.　これからも連絡を取ろうね。＊友人以外にも使える。
▶ I know you're living far away, but we should get together sometime.　遠くに住んでいるけど、いつか会おうね。＊友人との電話などで使用。
▶ I know you're living far away, but we should get together again sometime.　遠くに住んでいるけど、いつかまた会おうね。＊again が加わると、実際に会っている場合に使う。

9 I value our friendship very much.
私たちの友情をとても大切に思っています。

どちらかというと、改まった表現です。男性同士でも使います。

参考
▶ **Our friendship means a lot to me.**　私たちの友情は私にはとてもありがたいものです。＊会話表現。

▶ **I need you as a friend.**　友人としてあなたが必要です。＊やや感情的なので男性同士では使わない。

10 I hope we can continue being friends.
ずっと友達でいられることを願っています。

改まった雰囲気の言い回しです。これからも友情が続くことを願う表現で、相手が友人として素晴らしいという意味合いが含まれています。

参考
▶ **I want to keep you as a friend.**　ずっと友達でいたいですね。

▶ **I don't want to lose you as a friend.**　友達としてのあなたを失いたくありません。＊友人を失いそうな場合に使う。

会話例

A: You're a special friend to me.
B: Well, that's very kind of you to say that.
A: No, I mean it. You've been a lot of help to me. I really appreciate that.
B: That's what friends are for.

A: あなたは私にとって特別な友人です。
B: そう言ってもらえてうれしいです。
A: 本心ですよ。あなたはずっと私の大きな助けでした。本当にありがたいと思っています。
B: 友人なら当たり前ですよ。

58 恋人をほめる
Complimenting a Girlfriend/Boyfriend

　日本人が苦手なほめ言葉です。英語圏ではパートナーをほめるのは当たり前のことですが、日本では、「釣った魚に餌はやらない」という雰囲気があるのは否めません。ほめるのは、相手を認めているということであり、関心があるということを相手に示すことです。もちろん、一番の称賛は「愛している」と言うことですが、一般的なほめ言葉を知っておくのはよいことです。ここでは、出会いから、もっと関係が熟してきた場合までのほめ言葉を紹介しています。

1 I'm so glad we met.
出会えてよかった。

　これは、初めて会ったときには使わない表現です。関係が発展し始めてから使います。

[参考] ▶ **My life has changed since I met you.**　君に出会ってから人生が変わったよ。

▶ **You're the nicest person I've ever met.**　今まで出会っただれよりも素敵な人だよ。＊nicest は sweetest、kindest、most understanding などに代えられる。

2 I like to be with you.
君と一緒にいたいな。

　事実を述べることで相手への愛情を示す、ほめ言葉になっています。

[参考] ▶ **I'm very happy when I'm with you.**　君といるときは、とても幸せなんだ。

▶ **I want to be with you all the time.**　ずっと一緒にいたいなぁ。

3 We seem very compatible.
ぼくたち、うまが合うみたいだね。

二人の関係がうまく行っている場合に使う言い回しです。「これからもずっとうまくやっていきたい」という願望を含んだ表現です。

参考 ▶ **I think we can get along.** ぼくたち、うまくやって行けそうだね。
▶ **We're very similar in character.** 性格が似てるね。

4 You make me feel very good.
君は僕をいい気分にさせてくれるんだ。

かなり率直に相手をほめる表現です。相手に「君は特別な人だよ」という感情を示しています。

参考 ▶ **I feel like I'm a different person when I'm with you.** 君といると自分がまったく別の人間になったみたいな気がするよ。
▶ **You're so special to me.** 君はぼくにとってとても特別な存在だ。

5 You're a big part of my life.
あなたは私の人生の大きな部分を占めています。

相手の存在が、どんなに自分の人生に関わっているか、また、どんなに相手を大切だと思っているかを表す言い回しです。

参考 ▶ **I don't know what I'd do without you.** 君なしではどうしたらいいかわからないよ。
▶ **I'm lucky to have a caring guy like you.** あなたみたいに思いやりのある人がいて運がいいわ。＊女性が使う表現。

6 I'm always thinking of you.
いつも君のことを考えているよ。

相手のことをとても愛しているので、常に相手のことが頭から離れない、という意味です。恋愛だけでなく、別の場面でも使えます。

参考 ▶ I think about you every moment of every day.　毎日君のことを考えているよ。
　　 ▶ I can't get you out of my mind.　君のことを頭の中から消せないんだ。

7 I can't stop loving you.
愛さずにはいられないんだ。

「どうしようもないほど好きだ」ということを表す言い回しで、有名な歌の題名でもあります。

参考 ▶ I'm crazy about you.　君に夢中なんだ。
　　 ▶ I'll always love you.　いつも愛してるよ。

8 You're everything in the world to me.
あなたは私の世界のすべてです。

「あなたに夢中だ」という意味合いの表現です。

参考 ▶ I'm attracted to everything about you.　あなたのすべてに魅かれています。
　　 ▶ It's not just that you're sexy.　セクシーだというだけじゃないよ。

9 I think it's fate that brought us together.
運命がぼくたちを引き合わせてくれたんだよ。

恋愛ではよく使う表現です。会うべくして出会った、という意味合いです。

参考 ▶ I feel like we were made for each other.　ぼくたちは赤い糸で結ばれているような気がするよ。

10 You've helped me to understand myself better.
あなたは私が自分自身をもっと理解するのを助けてくれました。

「愛の力」についての表現です。「あなたの愛情で、自分は人間として成長できる。あなたと一緒でよかった」という意味合いを含んでいます。

参考 ▶ I feel like I can really be myself when I'm with you.
あなたと一緒のときは、本当の自分でいられる気がする。
▶ Your love helps me to feel good about myself.　あなたの愛があるから自信が持てます。

会話例

A: I'm so happy I met you.
B: Yes, I am too. It must have been fate that brought us together.
A: Perhaps. Or it may be just that we're very compatible. We have so much in common.
B: Yes, we work for the same company, go to the same fitness club, and like the same restaurants.

A: あなたに出会えて本当によかったわ。
B: ぼくもだよ。運命がぼくたちを引き合わせたに違いないね。
A: たぶんそうね。そうじゃなければ、すごく相性がいいのかもしれないわ。共通点がとても多いんですもの。
B: そうだね。同じ会社で働いて、同じフィットネスクラブに通い、同じレストランが好きだなんてね。

59 相手の恋人や配偶者をほめる
Complimenting the Girlfriend/Boyfriend/Spouse of Someone

難しい人間関係をほめる言葉です。相手との関係が難しいとき、人間関係を円滑にするには、相手を支えている人をほめるのもいいアイディアです。ただし、相手のパートナーをほめるときには、あまり関心を示しすぎないように注意することが基本なので、友人にふさわしい態度を取ることが大切です。

1 You make a wonderful couple.
あなた方は素晴らしいカップルですね。

「いろいろな意味でお二人はぴったりですね」という意味合いを含んだ表現です。

[参考]
- ▶ You look great together. 一緒にいるとお似合いですよ。
- ▶ You're so well matched. お二人はぴったりですね。

2 I think you two were made for each other.
あなた方二人はお互いのために作られたみたいですね。

1の表現をもっと深めた言い方です。二人は一緒になるために生まれてきた、というようなニュアンスがあります。

[参考]
- ▶ She's perfect for you. 彼女はあなたにぴったりですね。
- ▶ He's just what you were looking for. 彼はまさにあなたが探していた人ね。

3 He seems like a really nice guy.
彼は本当にいい人みたいね。

相手の性格に焦点を当てています。nice guy は good person とは少し違った意味合いで、穏やかで、思いやりがあり、少し弱腰な人を指します。

参考 ▶ **She seems real sweet.** 彼女は本当にやさしい人だね。
＊sweet は男性同士では使わない。

▶ **She's good for you.** 彼女は君にふさわしいね。

4 I had a very good impression of your boyfriend.
私はあなたのボーイフレンドにはとてもいい印象を持ったわ。

友人のボーイフレンドに会ったあとに使う、どちらかというと、改まった表現です。have a good impression は、相手の第一印象がとてもよい、ということです。

参考 ▶ **Your boyfriend is very good looking.** あなたの彼はハンサムね。＊handsome にしても可。

▶ **I like your boyfriend.** 私はあなたの彼のこと好きよ。＊基本的なほめ言葉。

5 Your girlfriend is really pretty.
君のガールフレンドはほんとに可愛いね。

友人のガールフレンドをほめる表現です。pretty は beautiful より、称賛の度合いが少し低くなります。どちらかというと、pretty は明るくて可愛い感じを表します。

参考 ▶ **Where did you meet your girlfriend?** いったいどこで知り合ったんだい？ ＊男性が使う表現。

▶ **Your girlfriend has been very kind to me.** 君のガールフレンドはぼくにとても親切にしてくれました。＊やや改まった表現。

6 Your wife is such a talented person.
あなたの奥さんはとても有能な人ですね。

相手の配偶者をほめる表現です。talented は幅広く使え、この場合、仕事の能力が素晴らしいとか、家事や趣味が上手だ、という意味合いです。

[参考] ▶ **Your wife is very intelligent.** あなたの奥さんはとても知的ですね。＊smart や clever を使えば会話的な表現になる。
　　　▶ **I'd like to get to know your wife better.** 奥様ともっとよくお知り合いになりたいです。＊男性が使う場合、注意が必要。

7 Your husband is a fascinating person.
あなたの旦那さまは魅力的な人ね。

interesting はあまりにもよく使われる単語なので、やや改まった fascinating を会話で使うと、効果的です。何もほめ言葉を考えつかないときは、interesting を使うと無難です。

[参考] ▶ **Your husband seems like a very kind man.** あなたの旦那さまはとっても親切な人みたいね。＊礼儀正しい表現。
　　　▶ **Your husband has real character.** あなたの旦那さまは個性的ね。

8 I'm glad you're so happy together.
あなた方がご一緒で幸せなのがうれしいです。

カップルに向かって、「お二人はうまくやっているんですね」と相手に伝える表現です。この glad の代わりに happy を使うことはできません。一般的に、glad は外的要因の結果、幸せである、そして happy はたった今、自分の心の中が幸せである、という使い分けがあります。

[参考] ▶ **You seem to get along so well.** とてもうまくやっているみたいですね。
　　　▶ **You never have arguments.** あなた方は絶対に言い争いをしませんね。

9 You must consider yourself very lucky.
あなたはご自身のことをとても幸運だと思うでしょう。

改まった表現で、「なんてあなたは幸せなんでしょう」という意味合い

を含んでいます。

参考 ▶ **You're very lucky to have a wife like her.** 彼女みたいな人が奥さんでラッキーだよね。＊シンプルな表現。

▶ **I wish I had a husband like yours.** あなたの旦那さまみたいな人がいいわ。

10 You've been together for so long.
長くずっとご一緒でいらっしゃるんですものね。

今日では、離婚や別居が日常茶飯事になってきているので、一緒にいる期間が長いと言うことは、それだけでほめ言葉になります。会話的な表現で、「愛があるから長く一緒にいられるんですね」という意味合いが含まれています。

参考 ▶ **I admire how you've stayed together all these years.** どうやったらそんなに長い間一緒にいられるんでしょう。＊改まった表現。

会話例

A: Your wife is an interesting person.
B: That's nice of you to say that.
A: She has many charming qualities. You must love each other very much.
B: Yes, we do.

A: あなたの奥さんは素敵な人ですね。
B: そう言ってくださるとうれしいですね。
A: 魅力的なところがたくさんおありだ。とても愛し合っていらっしゃるんでしょうね。
B: ええ、そうですとも。

60 子どもをほめる
Praising the Children of Someone

親子ともども気分がよくなるほめ言葉です。子どもをほめられると、親はとてもうれしいものです。ただし、子どもには年齢による特徴があるので、それに応じて、ほめ言葉を変えるのが基本です。子ども自身をほめるのはもちろんですが、そこまで育て上げた両親の苦労はもっとほめる必要があるでしょう。

1 What a sweet baby.
なんて可愛らしい赤ちゃんでしょう。

生まれたばかりから、よちよち歩きの赤ちゃんにまで使えるほめ言葉です。sweet は cute に代えられます。

参考
- ▶ **He's so cute.** とっても可愛いですね。
- ▶ **She has such small hands.** なんて小さなお手手なんでしょう。
- ▶ **I'm surprised he can already walk.** もう歩けるんですね。

2 Your child is very cute.
可愛いお子さんですね。

幼稚園から小学校低学年くらいの子どもに使うほめ言葉です。

参考
- ▶ **Your son seems like a fine boy.** 申し分のない息子さんみたいね。＊fine は赤ちゃんには使わない。
- ▶ **Your daughter is so sweet.** やさしいお嬢さんですね。

3 Your child looks just like you.
お子さんはあなたにそっくりね。

見た目がそっくり、というのはほめ言葉です。like you は his/her father/mother などに代えられます。

参考
- ▶ **I can see the family resemblance.** ご家族は似ていらっ

しゃいますね。
- ▶ **Your daughter seems to take after you.**　お嬢さんはあなたによく似ていますね。＊take after は外見だけでなく、性格的にも似ているときに使う。

4 Your son is a little mischievous, but that's how kids are.
息子さんはちょっとわんぱくですけど、子どもってそういうものですよ。

幼稚園から小学校低学年のいたずらざかりの子どもに使う表現です。「元気がいい」というほめ言葉と、「元気がよすぎるかもしれませんけど、これから徐々によくなっていきますよね」という気持ちが含まれています。

[参考]
- ▶ **Your son has a lot of energy.**　息子さんはエネルギーがあり余ってるんですね。
- ▶ **Children go through stages.**　子どもはいくつかの段階を経ていくものですからね。

5 Your daughter is very well mannered.
とてもお行儀のいいお嬢さんですね。

女の子は男の子よりも、ずっと早く社交技術を身につけます。人前できちんと振る舞える女の子をほめる、幾分改まった言い回しです。

[参考]
- ▶ **I can see that your daughter is very bright.**　とても頭のいいお嬢さんですね。
- ▶ **She's already thinking about other people.**　もう周りの人のことを考えているんですね。

6 It's nice to hear that your daughter is doing so well in school.
お嬢さんは学校でよくおできになるんですってね。

小・中学生へのほめ言葉です。成績や運動能力などについてほめるのが

普通です。It's nice to hear ... は相手が言ったことに応じる場合に使います。

[参考] ▶ Your son seems to be quite an athlete.　息子さんは相当なスポーツマンのようですね。
　　　 ▶ I can see your son is a good student.　息子さんは優秀な生徒さんですね。＊今、見て判断している。

7 You did a great job raising your kids.
りっぱにお子さんを育てられたのですね。

相手の労をねぎらうほめ言葉です。子育て中でも、子どもがもう子どもとは言えないくらいの年齢（14〜15歳）になっている場合でも使えます。correctly や properly を加えると、もっと改まった感じになります。

[参考] ▶ You're a good mother.　あなたはとてもいいお母さんね。

8 I can tell that you're a very close family.
とても仲のいいご家族ですね。

いろいろな場面で使えるほめ言葉です。「仲がいい」ということには、きちんと子どものしつけをして、家庭を大事にしている、という意味合いも含まれています。

[参考] ▶ It's good that family values are important to you.　家庭が大切なのはいいことですよね。
　　　 ▶ You must love your children very much.　お子さんを愛していらっしゃるんですね。

9 You seem to be doing a very good job of dealing with your teenage son.
10代の息子さんの対応もうまくやっていらっしゃるみたいですね。

ティーンエイジャーやヤングアダルトの扱いにくい世代の子どもを持つ相手への、尊敬と理解が含まれた言い回し。親と子どもの対立が起こりや

60 子どもをほめる

すい時期なのに、うまく処理して、「あなたはすごいですね」という意味のほめ言葉です。

[参考] ▶ **It must be hard to raise a teenage daughter.** 10代のお嬢さんを育てるのは大変でしょう？

10 Your daughter has grown up into a fine woman.

素敵な娘さんに成長されましたね。

ヤングアダルトに成長した、相手の子どもたちをほめる言い回しです。fine には nice や good よりもっと強い意味があります。

[参考] ▶ **You've been a good father to your son.** 息子さんにとってずっといいお父さんでしたね。

▶ **You must be very proud of your children.** お子さんたちのことがご自慢でしょう。

会話例

A: Your children are very nice. I see you've done a good job of raising them.
B: I try to be a good parent.
A: You must love them very much.
B: Yes, they're very important to me.

A: あなたのお子さんたちはとても素晴らしいですね。よい子育てをされたのがわかりますよ。
B: いい親であろうと努めていますよ。
A: お子さんをとても愛していらっしゃいますね。
B: もちろんですとも。彼らは私にとって、ものすごく大切なんです。

61 ペットをほめる
Saying Good Things about a Person's Pets

　子どもをほめるのとほとんど変わりません。ペットは飼い主から、特別な愛情と注意をいっぱいもらっています。そういった点で、ペットのほめ方は、子どもをほめるのに似ています。またペットは、飼い主の性格に似てきますので、犬や猫をほめることは、飼い主の性格をほめることにもつながります。

1 Your puppy is so cute.
すごく可愛い子犬ですね。

　赤ちゃんに使うほめ言葉は、たいていペットにも使えます。cute は adorable に代えられますが、こちらは女性が使います。

[参考] ▶ Your puppy has such funny ears.　とてもおもしろい耳をした子犬ですね。
　　　▶ Your kitten is fun to play with.　あなたの子猫と遊ぶのは楽しいわ。

2 That's a very interesting breed of dog you have.
とてもおもしろい種類の犬を飼っていらっしゃいますね。

　犬や猫の種類について興味を示すことも、ほめ言葉になります。

[参考] ▶ Your dog is a mixed breed, but she has character.　雑種なのに、品格がありますね。＊mixed breed は mutt とも言う。
　　　▶ I always wanted to have a Boston terrier.　ずっとボストンテリアが飼いたかったんですよ。

3 You've trained your dog quite well.
お宅の犬はよくしつけてありますね。

　training は人間だけでなく、犬にも使われます。とても聞き分けのい

い犬であることを示す表現です。

[参考] ▶ **Your dog is very well behaved.** とてもお行儀のいいワンちゃんですね。＊well behaved は well trained と言うこともできるが、have good manners は犬には使わない。

▶ **Did your dog receive obedience training?** お宅の犬はしつけのトレーニングを受けたのですか。

4 I wish my dog was as friendly as yours.
うちの犬もお宅の犬くらい人なつこいといいんだけど。

相手をうらやましがることで、ほめる言い方です。friendly は smart や obedient（従順な）に代えられます。

[参考] ▶ **Your dog is much nicer than my dog.** うちの犬よりずっといい子ですね。＊nice dog は人なつこい犬のこと。

▶ **I want to have a cat, but I live in an apartment so I can't.** 猫を飼いたいんだけど、アパートなので飼えないの。

5 I can see you take very good care of your cat.
とてもよく猫の世話をしていらっしゃるわね。

よく猫かわいがりと言いますが、まさにそんな状況の面倒見のよさをほめる表現です。

[参考] ▶ **Your cat gets a lot of love.** あなたの猫は愛情をたっぷりもらってるわね。

▶ **You treat your cat well.** よく猫の世話をしているわね。

6 It's good you always take your dog for a walk.
いつも犬の散歩に行くのはいいですね。

毎日、犬を散歩に連れて行っていることへの、ほめ言葉です。「偉いですね」という気持ちが含まれています。

[参考] ▶ **It's important for a dog to get enough exercise.** 犬は

十分運動することが大切ですね。
- ▶ **You get exercise too by walking your dog.**　犬の散歩はあなたの運動にもなってますね。

7 That's a nice name for your cat.
あなたの猫の名前は素敵ね。

thatは相手が言ったことを受けてすぐ言う場合によく使います。相手が猫の名前を教えてくれたら、すぐに使う表現です。

[参考]
- ▶ **The name fits.**　ぴったりの名前ね。＊The name is fitting. とも言う。
- ▶ **It's a good name.**　いい名前ですね。

8 You're very good with animals.
動物と話ができるんですね。

動物好きの人に使える表現です。be good with animalsには、動物と意思を通じ合えるという意味合いを含んでいます。

[参考]
- ▶ **You seem to be able to understand how animals think.**　動物がどう思っているのかわかるみたいね。
- ▶ **You have a way with horses.**　馬を扱うのが上手ですね。
＊have a wayは何かに才能や適性があるということ。

9 That's an amazing collection of tropical fish you have.
素晴らしい熱帯魚のコレクションですね。

犬や猫以外のペットの場合には、種類や模様、色、声、健康状態などの具体的なことに興味を示したり、一般的な賛辞を言うのが普通です。

[参考]
- ▶ **I've never seen a bird like that before.**　こんな鳥は見たことがないわ。
- ▶ **Your turtle seems very healthy.**　あなたのカメはとっても

元気そうね。

10 I tried to keep a hamster, but it died on me.
ハムスターを飼ってたことがあるんだけど、死んじゃったの。

自分の失敗を話すことで、相手がうまくペットを育てていることをほめる言い方です。

参考
- ▶ I've had no luck with pets.　ペットに関しては運がないのよ。
- ▶ I'm not good at raising pets.　ペットを育てるのはうまくないの。

会話例

A: Your dog is so cute.
B: Thank you. She's not any special breed, though.
A: Sometimes though mixed breeds are the healthiest type of dog.
B: Perhaps you're right.

A: とっても可愛い犬ね。
B: ありがとう。でも、血統書付きってわけじゃないのよ。
A: 雑種のほうが丈夫なのよ。
B: たぶんそうね。

62 いやな思いをした人を励ます
Encouraging Someone Who Has Had an Unpleasant Experience

同情を示して励ます言葉です。いやな思いをするには、仕事で失敗したり、事故にあったりと、いろいろな場面が考えられますが、いずれの場合でも、状況の深刻さをできるだけ控えめに扱うことが基本です。「よくあることですよ」「忘れたほうがいいですよ」「何かお手伝いできることがありますか」など、相手の気持ちを軽くするような言葉をかけます。

1 I know how you feel.
お気持ちはよくわかりますよ。

相手に深い同情を示す、とてもよく使われる会話表現です。I know the feeling. でも同じ意味になります。

[参考]
- ▶ I can understand what it must have been like.　大変だったでしょう。
- ▶ I sympathize with your feelings.　お気の毒に。＊やや改まった表現。
- ▶ I know what you went through.　どんなことがあったかわかりますよ。

2 This kind of thing happens all the time.
よくある話ですよ。

相手をなぐさめる言い回しです。「あなただけじゃありませんから、気を落とさないで」という意味合いが含まれています。

[参考]
- ▶ The same thing happened to me.　私にも同じ経験がありますよ。
- ▶ That happened to me once.　私にも一度ありましたよ。
- ▶ Strange things happen.　そういうこともありますよ。

62 いやな思いをした人を励ます

3 I don't think your problem is so serious.
そんなに深刻になることはありませんよ。

単刀直入な言い回しです。「落ち込まないでください」という意味合いが含まれています。

参考 ▶ It's not a big deal.　大したことじゃありませんよ。
　　 ▶ It's only temporary.　一時的なことですよ。＊これから好転しそうなときに使う。

4 It's not as bad as you think.
あなたが思っているほど悪くはありませんよ。

致命的なミスなどで、かなり落ち込んでいる相手を励ます言い方です。相手の負担を軽くする表現です。

参考 ▶ It's not the end of the world.　この世の終わりってわけじゃあるまいし。＊さまざまな場面で使える。
　　 ▶ You'll soon get over it.　すぐ立ち直るよ。＊recoverを使うと改まった表現になる。
　　 ▶ It could have been worse.　まだましなほうだよ。

5 It wasn't your fault.
君のせいじゃないよ。

相手には起こった問題の責任がないことを示す表現です。

参考 ▶ You're not to blame.　君が非難される筋合いじゃないよ。
　　 ▶ You did everything you could.　君はやれることはすべてやったよ。
　　 ▶ You did the best you could do.　君は最善を尽くしたよ。

6 It can't be helped.
仕方ないよ。

「今の状況では、あなたができることは何もない」と相手に伝える表現です。

[参考] ▶ It's probably all for the better.　きっとよくなるよ。
　　　 ▶ That's the way it goes sometimes.　それは当然の成り行きだよ。

7 Put it behind you.
過去のことにしようよ。

失敗していつまでも落ち込んでいる相手に使う励ましの言葉です。「いつまでもくよくよしても始まらないから、そろそろ前向きになろうよ」という意味合いが含まれています。

[参考] ▶ Don't let it get to you.　くよくよするなよ。
　　　 ▶ Just forget about it.　忘れちゃおうよ。

8 You just had some bad luck.
ちょっと運が悪かっただけだよ。

「失敗したのは、だれのせいでもない」という意味合いを含んだ、励ましの言葉です。もちろん、相手の能力のせいではありません。

[参考] ▶ It happens to the best of us.　だれにでもあることだよ。
　　　 ▶ I'm sure you'll bounce right back.　すぐ元に戻るよ。

9 Life has its ups and downs.
人生、山あり谷ありだよ。

これには、「人生にはいろいろなことがあるさ。気にするな」という励ましが含まれています。

[参考] ▶ Just chalk it up to experience.　ちょっとした人生の1ペー

ジだよ。＊この経験を生かそう、という意味合いの表現。

10 If you need anything, just ask.
何かいるものがあったら言ってね。

相手を温かくなぐさめ、手を差し伸べる言い方です。親しい相手に使います。

参考
- ▶ **If I can be of any help, just ask.** 私で助けになるなら、言ってね。
- ▶ **If I can help you with something, please ask.** 何かできることがあれば言ってくださいね。
- ▶ **I wish there was something I could do to help.** 何か手助けできることがあるといいのですが。

会話例

A: I know how you feel. It must be tough.
B: It's been difficult for me to deal with the experience.
A: I hope you can find a way to get over it. If I can be of any help, just ask.
B: Thanks. That's good to know.
A: お気持ちはよくわかりますよ。大変でしたね。
B: その体験に対処するのが難しくて。
A: 乗り越える方法が見つかるといいですね。私で何かお手伝いできるようなら言ってください。
B: ありがとう。それを聞いて安心しましたよ。

63 人間関係で悩んでいる人を励ます
Encouraging Someone Who Has Been Through a Relationship Problem

恋愛や離婚問題で悩んでいる友人を励ます言葉です。悩んでいる相手を心配したり、共感を表したり、なぐさめたりします。いろいろな状況があるので、相手を傷つけないように、言葉を選ぶことが大切です。ここで紹介する表現は、恋愛の場で使うことが多いものですが、ほかの人間関係にも使えます。

1 It'll work out somehow.
なんとかうまく行くよ。

パートナーと意見の相違があったとしても、解決できる可能性がある場合に使う励ましの言葉です。work out は問題がスムーズに片付くということです。

[参考] ▶ **You'll manage.** なんとかなるさ。
　　　▶ **You can make things up.** 君なら丸くおさめられるよ。
　　　▶ **You're both nice people.** 二人ともいい人だからね。＊相手のパートナーも知っている場合に使う。

2 I'm here for you.
力になりますよ。

相手のために何かしてあげたいという、心のこもった表現です。かなり悩んでいる相手に使います。

[参考] ▶ **I support you.** お手伝いします。
　　　▶ **I care for you.** あなたが心配なんですよ。

3 I know what you're going through.
君が大変な状況にあるのはわかってるよ。

これには、「かなり難しい状況にあるけれど、頑張って」という意味合いが含まれています。相手に共感を伝える、会話表現です。

> 参考 ▶ **It must be tough.**　大変だろう。
> ▶ **It's not easy I know.**　簡単ではないよね。

4 Maybe it's all for the better.
みんないいようになるよ。

深刻な状況の相手を励ます言葉です。どちらかというと、気休めも含まれています。

> 参考 ▶ **Things sometimes don't work out.**　うまく行かないこともあるさ。
> ▶ **You'll get over it.**　すぐ立ち直るよ。

5 Remember that it's not anyone's fault.
だれのせいでもないってことは覚えておきなよ。

離婚一歩手前で悩んでいる相手にかける言葉です。「離婚したからって、別に君の責任じゃない。原因はほかにある」という意味合いが含まれています。

> 参考 ▶ **A divorce is sometimes the simplest thing.**　離婚はときどきいちばん簡単な方法だよ。
> ▶ **You shouldn't blame yourself.**　自分を責めるべきじゃないよ。

6 You did the best you could.
できるだけのことはやったよ。

ビジネスでも使える表現です。「やるだけのことをやって、ダメだったんだから、仕方がない」という意味合いを含んでいます。

> 参考 ▶ **You tried.**　よくやったよ。
> ▶ **You did the best thing you could given the circumstances.**　あの状況でできるかぎりのことはしたよ。
> ▶ **You did everything you could.**　君にできることはすべて

したよ。

7 You're just two very different people.
君たち二人はまったく違う種類の人間だったということだよ。

離婚した相手をなぐさめる言い回しです。

参考 ▶ **Your roads in life went different ways.** 人生という道が別々になったんだよ。
▶ **You went in separate directions.** お互いが別々の方向に行ったんだよ。
▶ **You weren't meant for each other.** 最高の相手じゃなかったんだよ。＊最初から不釣り合いだったというニュアンス。

8 You can still be friends.
まだ友達でいることはできるさ。

別れたあとでも、パートナーを気にしている相手をなぐさめる言葉です。

参考 ▶ **You can still have some kind of relationship.** 違った関係が持てるよ。
▶ **You can still see each other as friends.** 友達としてならこれからも会えるよ。

9 You'll soon forget about everything.
みんなすぐに忘れるさ。

パートナーと別れて、がっくりしている相手を安心させ、励ます言葉です。

参考 ▶ **You'll find a better man.** もっといい男が見つかるよ。
▶ **You'll be happier without her.** 彼女がいないほうが幸せになれるよ。

10 You're a far better person than he is.
君は彼なんかよりずっといいヤツだよ。

別れたあとも、元パートナーに未練がある相手を励ます言葉です。

[参考] ▶ **Don't waste your time on her.** 彼女なんかにかかわって時間を無駄にするなよ。

▶ **Just pretend you never even had a relationship.** 何もなかったって顔をしてろよ。

会話例

A: It's too bad to hear about your relationship with Sally. But things sometimes don't work out.
B: It's really disappointing to me because I feel I invested so much in the relationship.
A: It's not easy I know. But you'll soon forget about everything.
B: I hope you're right.

A: 君とサリーの事情は聞いたけど、残念だね。ま、うまく行かないこともあるさ。
B: ずいぶんがっかりしました。時間も気持ちも、あれだけ注ぎ込んだのに。
（invest はお金ではなく、時間などをかけるという意味）
A: 辛いよね、わかるよ。でも、すぐにみんな忘れるよ。
B: そう願いたいですね。

64 ちょっと落ち込んでいる人を励ます
Encouraging a Person Who Feels a Little Down

親しい相手への励ましの言葉です。少しだけ落ち込んでいる人を励ますには、相手が元気になるように、屈託なく言葉をかけることが基本です。相手の落ち込み具合を見きわめて、表現を選んでください。

1 Smile.
笑おうよ。

笑えば、もっとポジティブになれます。「もっと物事を明るくとらえようよ」という意味合いが含まれた、くだけた表現です。

参考
- ▶ You have to try to smile more.　もっと笑わなきゃ。
- ▶ You should lighten up.　元気出せよ。
- ▶ You shouldn't be serious all the time.　そんなに深刻な顔するなよ。

2 I want to see you laugh.
君が笑うのがみたいな。

「もっと陽気になろう」という意味のくだけた表現です。

参考
- ▶ Say something funny.　何かおもしろいことを言ってみなよ。

3 Keep your chin up.
がっかりするなよ。

少し落ち込んでいる相手に使う会話的な言い回しです。落ち込んでいるときには下を向きがちなので、意識してあごを上げて、元気に見せるように、という励ましです。

参考
- ▶ Don't let things get to you.　くよくよするなよ。
- ▶ Don't let it bother you.　そんなこと気にするなよ。

64 ちょっと落ち込んでいる人を励ます

４ Cheer up.
元気を出しなよ。

「いずれうまく運ぶよ」という意味合いを含んだ、気分転換を勧める言い回しです。

[参考] ▶ It's not as bad as all that.　それほどひどくないよ。
　　　 ▶ I'm sure things will get better.　万事うまく行くさ。

５ I found that taking a positive attitude was helpful.
私は、前向きになることがいいということがわかったんだよ。

「くよくよしないで、もっと楽観的になれ」という意味合いを含んでいます。悪いことにも何かしら学ぶ点がある、と自分の経験を通して相手を励ます言葉です。

[参考] ▶ Think of the bright side.　物事の明るい面を見ようよ。
　　　 ▶ Every cloud has a silver lining.　明けない夜はないよ。
　　　　　＊やや改まった古い言い方。

６ Well, that's life.
人生なんてそんなもんだよ。

「うまく行かなかったのは、仕方がない」と相手をなぐさめる、会話的な表現です。

[参考] ▶ That's the way the cookie crumbles.　うまく行かないときなんてそんなもんさ。＊かなりくだけた表現。
　　　 ▶ That's the way the ball bounces.　世の中、こんなもんだよ。

７ Tomorrow's another day.
明日があるよ。

「きょうはついてなくても、明日は大丈夫」と、相手を励ます言い回し

263

です。

[参考] ▶ Today isn't your day.　きょうはついてないね。
▶ Today hasn't been your day.　きょうはついてなかったね。
＊一日の終わりに使う。
▶ We all have bad days sometimes.　だれにでもついてない日ってあるもんだよ。

8 We all have our problems.
みんな何かしら問題を抱えてるもんさ。

　自分だけが悩んでいるとか、自分だけがうまく行かないと思い込んでいる相手を励ます、会話的な表現です。

[参考] ▶ No one's perfect.　完璧な人なんていないよ。
▶ Everyone makes mistakes.　だれにでも間違いはあるものよ。

9 It's not worth worrying about.
心配するほどのことはないよ。

　相手に「くよくよ考えても仕方がないことは、忘れたほうがいい」と伝える表現です。

[参考] ▶ You have nothing to worry about.　何も心配することはないよ。＊相手の心配に根拠がない場合に使う。
▶ Worrying about it won't help things.　くよくよしたって始まらないよ。

10 You have to get out more.
もっと外に出ろよ。

　何を言われてもまだ悩み続ける相手に、外に出て気分転換をするように勧める言い方です。「もっと広い世界を経験したほうがいい」という意味合いを含んでいます。

64 ちょっと落ち込んでいる人を励ます

参考
▶ **You should try something different.** 何か違うことでも始めたら？

▶ **You need a change of pace.** 気分転換が必要だよ。＊毎日の決まりきったことを変えてみる、という意味。

会話例

A: Today just hasn't been a good day for me. I couldn't seem to get much work accomplished.
B: Don't let it bother you. Everyone has bad days.
A: But some important deadlines are approaching, and I'm worried about them.
B: I'm sure you'll manage somehow. Generally you always do such good work.
A: きょうはついてなかったよ。そんなにたくさん仕事もこなせなかったみたいだし。
B: 気にするなよ。そんな日もあるさ。
A: でも、重要な締め切りも迫ってるし、心配なんだ。
B: 何とかなるって。普段はちゃんとやってるんだから。

著者略歴

クライド・ダブンポート (Clyde Davenport)

1957年米国イリノイ州シカゴ生まれ。ソノマ州立大学（心理学）卒業後、オレゴン大学大学院修士課程（アジア研究）修了。1988年に来日し、帯広市の英会話学校「ジョイ・アカデミー」で専任講師として勤務。1990年4月から2002年3月まで、広島県立大学助教授。現在は、実用英語書の執筆、翻訳および英文校閲などの仕事に従事。

共著として、『相手にどんどん質問する英会話』（研究社）、『やさしい英語で自分を語る』（ジャパンタイムズ）、『1分間英語で自分のことを話してみる』（中経出版）ほか多数。

翻訳・編集協力	香原ちさと、中村直子、斎藤純一、斎藤秀子
録音スタジオ	東京録音
ナレーション	Bianca Allen、Brett Coleman

コミュニケーションを円滑にする

ほめる英語・励ます英語

初版発行	2011年8月23日
著者	クライド・ダブンポート © Clyde Davenport, 2011
発行者	関戸雅男
発行所	株式会社 研究社 〒102-8152 東京都千代田区富士見2-11-3 電話 営業 03(3288)7777(代)　編集 03(3288)7711(代) 振替 00150-9-26710 http://www.kenkyusha.co.jp/
印刷所	研究社印刷株式会社

KENKYUSHA
〈検印省略〉

＊

装丁	大森裕二
組版・レイアウト	株式会社 インフォルム
企画・編集	株式会社 タイム アンド スペース

ISBN 978-4-327-44099-2　C1082　　　　　　Printed in Japan

本書の全部または一部を無断で複写複製（コピー）することは、著作権法上での例外を除き禁じられています。
価格はカバーに表示してあります。